U0919573

头部品牌

——银行文化竞争力解码

艾加研究院◎编著

中国金融出版社

责任编辑：黄海清
责任校对：李俊英
责任印制：张也男

图书在版编目（CIP）数据

头部品牌：银行文化竞争力解码/艾加研究院编著. —北京：中国金融出版社，2022.9

ISBN 978－7－5220－1470－8

Ⅰ. ①头…　Ⅱ. ①艾…　Ⅲ. ①商业银行—品牌—企业—管理—研究—中国　Ⅳ. ①F832.33

中国版本图书馆CIP数据核字（2022）第004671号

头部品牌：银行文化竞争力解码
TOUBU PINPAI：YINHANG WENHUA JINGZHENGLI JIEMA

出版发行　中国金融出版社
社址　北京市丰台区益泽路2号
市场开发部　（010）66024766，63805472，63439533（传真）
网上书店　www.cfph.cn
（010）66024766，63372837（传真）
读者服务部　（010）66070833，62568380
邮编　100071
经销　新华书店
印刷　河北松源印刷有限公司
尺寸　148毫米×210毫米
印张　8
字数　218千
版次　2022年9月第1版
印次　2022年9月第1次印刷
定价　80.00元
ISBN 978－7－5220－1470－8

序

艾加国际智业集团（以下简称艾加）为中国地方银行打造头部品牌，尔来有十三个春秋，回首往事，历历在目。自成立以来，尽管时代在变迁，市场在变化，艾加始终深耕在中国地方银行这一市场领域，一切都源于艾加的信念：宽度一公分，深度一公里。

艾加深耕中国地方银行服务领域，其实也是时代使然。艾加初创的时候，正是地方银行进行全面改制、转型升级的阶段，艾加也由此展现出了巨大的提升潜力。艾加与中国地方银行的成长，可谓是相辅相成，相伴相生。

十三年来，我们为中国超过 500 家银行提供文化建设、品牌塑造的升级服务，这一路，不轻松。很多时候，我们也是摸着石头过河，在实践中不断摸索和总结。面对日新月异的市场，面对风云变幻的境况，我们的工具与模型也经历了一次次考验，着手一版版迭代。我们也曾迷茫，也曾困惑，在时代的十字路口寻找迷雾中的路标。所幸，尽管有彷徨与徘徊，我们依旧坚定了信念的初衷，用信念的灯火照亮前行的道路。

中国人讲究生肖，也常把12年当作一个轮回，艾加成立已有十三年，也正是一个新周期的开始，将这些年来的实战经验与案例作一次深入的总结，以便分享给同业的大家，分享给银行业的诸君，分享给所有支持与鼓励我们的伙伴和朋友。

本书重点分享艾加品牌金字塔模型与思维，也将分享实践的经典案例。主要内容：品牌金字塔的起源，即经典CI以及十大战略学派；着重剖析中国地方银行经营常见的三大问题，以及品牌金字塔解决之道；通过经典实战案例深度解读品牌金字塔模型。

通过本书的框架也可管中窥豹，本书是艾加品牌金字塔方法论的经典之作，我们力求把干货与各位分享，犹如一场关于中国地方银行头部品牌塑造的围炉夜话。

我们明白，时代从不停下脚步；我们清楚，市场永远瞬息巨变；但我们更为相信，头部品牌拥有把握明天的经营之道！

当《头部品牌》第一版定稿付印时，新的头部已经在路上了……

目录

第一章 品牌金字塔的起源

一、经典 CI 理论

牛顿曾说：“如果我看得比别人更远些，那是因为我站在巨人的肩膀上。”

艾加品牌金字塔也是如此。

经典 CI 理论是艾加品牌金字塔理论的基础，想要解析品牌金字塔理论，那就不得不先了解什么是经典 CI 战略。

毫无疑问，CI 战略是企业战略理论中当仁不让的经典，所谓 CI 即 Corporate Identity 的缩写，意为企业识别战略或企业形象战略。一般来说，用独特、完整而相对稳定的形象系统，来表征社群个性，起始于远古图腾，成型于文明社会的宗教。若追本溯源，CI 战略可由 5 世纪的佛教兴盛说起，例如佛教的慈悲思想、吃斋行为、剃度形象……就是最早的 CI 战略表现。而现代 CI 则开始

于欧洲，第二次世界大战后发展于美国，形成了注重以商标标志和标准字体、标准色彩作为沟通工具及共通性符号的美国型 CI 风格；20 世纪 70 年代后深化于日本，形成了不仅注重整体性、系统性规划，也注重企业存在的价值和社会意义的日本型 CI 风格；此后才引入中国，形成了以重视觉、重理念、重行为作为整体化系统的中国型 CI 风格，并被大众所熟知。

那么现代 CI 究竟谓何？所谓现代 CI 战略，是指对企业形象的有关要素进行全面系统的策划、规范，并通过全方位、多媒体的统一传播，塑造出独特的、一贯的优良形象，以谋求社会大众认同的企业形象战略。构成 CI 战略的三大要素一般分为 MI 企业理念识别、BI 企业行为识别和 VI 企业视觉识别。

MI 被喻为企业的心，即企业经营的宗旨和文化价值观，对外是企业识别尺度，对内则为内在凝聚力。

BI 则被称为企业的手，是企业服务的输出，对内表现为培训制度、员工教育等，对外则是产品规划、服务活动等。

VI 则被视为企业的脸，是企业形象在市场上最直观的展现，VI 通过体系化的设计语言将企业理念、文化特质、服务特性等显性化，塑造出独特的企业形象。

因此，企业 CI 战略不是一般的管理工程，也不仅仅是视觉传达设计，更不仅仅是为企业装潢门面，而是企业贯穿总体战略的系统工程。现代 CI 已经逐渐演变成强化企业对内的“同一性”和对外的“差异性”，增强企业对内凝聚力和对外竞争力的一门综合性实用科学。

所以，当我们在探索 CI 战略时，总是免不了要讨论企业定位、企业愿景、企业使命、企业精神、视觉设计、空间设计、品牌宣传和经营目标等方方面面。每一方面都是战略涉及的概念范畴，因此在战略发展的历程中，众多企业家和专家学者，通过侧重点不同的分析方法和立场，提出了各自的战略理论，衍生出诸多学派脉络。亨利·明茨伯格在《战略历程》中将其总结为十大战略学派，即设计学派、计划学派、定位学派、企业家学派、认知学派、学习学派、权力学派、环境学派、结构学派、文化学派。

对于这些学派的囊括，总体可分为说明性战略和描述性战略两大类别。

第一大类为说明性战略。所谓说明性战略，即这几个学派的人认为战略规划是可以先于行动的，而且是可以清楚说明的。这里面包含了十大战略学派中的三个学派，分别是设计学派、计划学派，以及大名鼎鼎的定位学派。在明茨伯格看来，这三个学派在实际应用中有两个硬伤。

第一，针对未来作出规划，但环境永远在变化，信息也不充分，未来不可预测。

第二，在说明性战略之下，思考和行动是分离的，但这种分离是不现实的。

第二大类为描述性战略，描述性战略弥补了上述不足，认为战略形成是一个不断学习发现的过程，事先说不明白，只能进行大致描述。包含十大战略学派剩余的七大学派，分别是企业家学派、认知学派、学习学派、权力学派、文化学派、环境学派和结构学派。

下面我们将详细阐述十大战略学派的含义与特征。

二、十大战略学派

（一）设计学派：“三思而后行”

所谓设计学派，主要意识到战略是企业内部实力与外部机遇的匹配，是企业领导者经营思维导向的一个孕育过程。设计学派最核心的产物便是著名的SWOT模型，该模型有效考查了企业自身和外部环境间的优势和劣势，充分解析了企业内外部关系联动性和交互性。由于设计学派认为战略是企业领导者的思维过程，具有一定的私人性，因此他们认为战略形成模式必须保持简单和非正式，是个性化设计的成果。

设计学派特点简析

设计学派的基础观点十分明确，也提出了战略管理非常经典的基础词汇和经典模型。但该学派的局限性也相当明显，主要在于如何科学评估模型优劣势、战略结构的缺失、战略制定的随意性以及战略的执行落地问题等。在这些问题上，设计学派并未给出合理的答案。

（二）计划学派：“及时处理，事半功倍”

计划学派和设计学派有一定的相似点，他们也把企业定位、企业资源和外部环境视为制定企业战略的出发点。但与设计学派认为战略具有领导者私人性的观点不同，计划学派认为企业战略的制定过程需要一个正规、受控、监督的程序化计划过程，该过程被分解成清晰的步骤，并有分析技术来支持，战略应当明确制定出来，以便于通过细致的目标、预算、程序和各种经营计划来得到贯彻。基于这样的理念，计划学派引进了众多数学、决策科学的方法，提出了许多复杂的战略计划模型。

计划学派特点简析

计划学派一定程度上弥补了设计学派在战略制定过程中的缺憾，但在实际操作中，我们发现过于强调战略制定步骤的解析，这将导致参谋部门过分重视细节分析和预测，令战略形成程序化和僵化，无法做到真正的战略洞察，以至于产生预测的偏离、解构的偏颇以及形式化的痼疾。

（三）定位学派：“让事实说话吧”

定位学派并不认可设计学派的理论，转而发明了一套独特的分析方法论，认为战略形成是一个分析的过程。他们另辟蹊径，认为企业战略的核心在于获得竞争优势和比较优势。这些优势取决于企业所在行业的位置，即该行业是朝阳行业还是夕阳行业，行业吸引力和企业在该行业的相对位置，这些都将决定企业发展的高度和深度。

因此，定位学派认为，企业战略管理的首要任务是选择最有盈利潜力的行业，其次是考虑企业在行业中的细分定位。该学派提供了五力模型、价值链理论等一系列分析技巧，对于竞争战略分析颇有建树。

定位学派特点简析

定位学派对战略管理的思维是很有启发性的，并且提供了相对科学严谨的理论根据。定位学派强调行业的稳定性，以及避免战略制定过程中过分程式化。相较于设计派研究企业“去哪里”，定位学派更注重企业应该“处于哪里”。

（四）企业家学派：“带我见你们的头”

企业家学派认为战略形成是一个构筑愿景的过程，将一切宝压在了领导人身上，对领导人的战略远见能力提出了很高的要求。具有战略洞察力的企业家成为企业经营成功的关键，一些企业尽管没有系统的、体系化的战略，却依然取得了不菲的成就，就是源于拥有出色的领导者。

企业家学派最明显的特征就在于极其强调领导者的工作积极性和战略直觉的重要性，战略制定变成一种个人直觉，甚至忽视规范战略制定的必要性。他们认为战略本就是需要远见卓识和个人特色，战略制定需要企业家的深思熟虑，战略执行则可以灵活变更。企业家学派是一种更为强调个人崇拜的学说。

企业家学派特点简析

毫无疑问，战略执行的灵活性对于企业战略管理是有益处的，但这种学派的弊端也十分明显。企业家学派的战略形成是一种不可控的过程，过分强调领导者的主观能动性和企业家的超人能力，往往会给企业带来灾难性的后果。因为这种机制既无法判断企业家的才能高低，更无法预判企业家引领的方向是一片光明，还是万丈深渊。

（五）认知学派："一旦我相信了就会看到"

认知学派的理论显示战略形成是一个心理的过程，这个学派是强调客观的设计学派、计划学派、定位学派和强调主观的企业家学派、权力学派等之间沟通的桥梁。认知学派提出，战略实质上是一种直觉和概念，战略的制定过程实质上是战略家心理的认识过程；由于战略者所处的环境是复杂的，输入的信息在认识之前要经过各种各样无序的过滤，因此战略在实际形成过程中偏重实用性而不是最优化。所以，认知学派也主要分为主观主义和实证主义两大派系，一旦相信某个派系将很难作出思维改变。

认知学派特点简析

与企业家学派相比，认知学派提醒众人要理解企业家在认知风格上的客观差异，这些认知差异对企业家的战略制定影响深远。因此，如果想要形成战略，最好要深刻了解人的心理和思想。但认知学派的研究更偏向于心理学层面的研究，对于企业战略制定的实质性帮助反而有限。

（六）学习学派："失败了，就再来"

学习学派强调战略形成是一种自发的过程，他们认为企业环境具有复杂和难以预测的特性，战略制定首先必须采取不断学习的过程，在这一过程中，战略制定和执行的界限变得模糊不清、不可辨别。这种学习过程更多表现为集体学习，领导的作用变得不再是预想深思熟虑的东西，而是管理战略学习的过程。

坚持不懈地研究和总结学习经验是这个学派显著的特点，了解该学什么是他们需要关注的重点。

学习学派特点简析

学习学派过于认可战略是一个共同学习的过程，这就导致企业在学习中理解和制定战略，却永远无法得知战略的确定性，也无法规避战略分散的问题，如无目的的学习、没有正确答案的学习等现实情况。

（七）权力学派："当心第一"

权力学派认为战略形成是一种协商过程。他们理解的企业是由不同的个人和利益集团组成的联合体，战略的制定一定是一个相互冲突的讨价还价、相互控制和折中妥协的过程，无论是作为企业内部的沟通过程，还是作为企业外部环境中客观应激式的反馈。

权力学派特点简析

战略形成确实是关乎权力的，但权力并非只有矛盾和冲突，在企业内部和企业外部之间也有共同利益的存在，这种共同性的表现就是其战略学派的观点。权力学派可视为其他战略学派的镜像和补充。

（八）环境学派："随时都要看情况而定"

环境学派的观点是把战略形成看作一个适应的过程。市场环境是一种不可把控的综合力量，是企业战略制定过程中的中心角色。市场环境的影响力过分强大，企业能做的便是积极适应，所以企业战略也就成了一种被动的行为。

换句话说，环境学派认为，企业在市场环境中无法"人定胜天"，只能"适者生存"。

环境学派特点简析

可以说环境学派是另一种极端的观点，它将战略管理完全变成了一种被动的适应，彻底否定了企业战略管理的主观能动性。企业战略管理就是企业观察了解环境并保证自己对环境的完全适应。

按照环境学派理论，在同一种市场环境下，两家不同的企业必须采用相同的最优解战略才能取得成功。但，这可能吗？

（九）结构学派："任何事情都有个季候"

结构学派的观点相对比较宏观，他们认为战略形成是一个漫长变革的过程，各学派本身已经形成了战略制定的特别结构。

结构学派认为战略管理的核心在于维持相对稳定，企业在发展过程中需要逐渐适应战略变化。企业在变革周期内，需要经历从认识改变到真实转变的过程，而且要能够在不破坏企业根本的前提下，避免管理可能产生的混乱。

于是，相应的战略制定就变成结构性的存在，既可以是一种概念性的规划或设计，也可以是来自领导人的远见或者集体决策的系统性分析，甚至是共同学习或竞争性的权术，集中表现在个人认识、集体社会化或者是简单的对环境的反应，但每一种都有自己存在的时间和内容。

结构学派特点简析

相对于其他学派，结构学派更像是各学派观点的调和者，他们企图在战略变化中找到秩序和规律，将各学派纳入自己的逻辑体系，使之成为一种海纳百川、包罗万象又各司其职的战略结构，让各学派在该结构里有其适当的存在时间点、位置。

尽管结构学派看似非常科学，但这需要企业家拥有极高的管理艺术，能够适时在结构中掌握平衡，过于迷恋结构反而容易陷入结构的深渊，形成管理僵化或者导致混乱。毕竟人的精力有限、能力各异，过于复杂的事物不具备可持续性和实操性。

（十）文化学派："苹果掉下来的地方从不会离树太远"

文化学派认为战略形成是个集体思维的过程，这是因为文化本身是人类创造的一种共享的意向，文化的形成往往是人类为了共同目的一起完成的社会活动，包括期间产生的相互作用和资源价值。

由于战略形成本质也是社会交互的过程，因此文化学派觉得战略形成需要建立在企业成员的共同信念和思想的基础之上。并由此主张企业战略整体性的重要，反对断代式的思维模式，确立组织风格与个人风格的协同，并积极挖掘和联系企业潜藏的资源能力与组织模式的正向交互，从而在市场中产生竞争优势。

文化学派特点简析

文化学派引入社会发展过程中集体思维这一关键概念，确立了企业组织风格与个人风格的同等地位，有利于建立企业整体的观念和认同感。但文化学派也不是万能的，其缺点在于概念的模糊性和难以量化，判断标准因人而异，存在仁者见仁、智者见智的风险。

三、品牌金字塔

艾加品牌金字塔并非闭门造车，而是根据多年的实践经验，在结合经典 CI 模型、文化战略学派的基础上发展而来。品牌金字塔师承文化学派，始终强调整体思维，更关注文化对保持战略稳定性的影响和共同利益。

品牌金字塔的核心思想旨在为中国地方银行提供人、事、物一体化的解决方案，其模型工具即为“艾加品牌金字塔三力体系”。

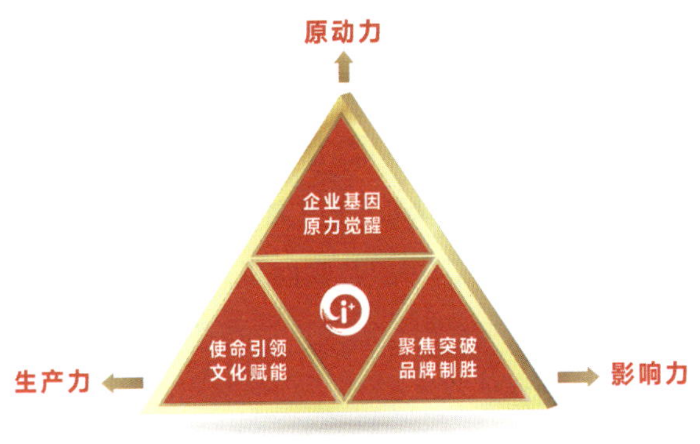

艾加品牌金字塔® 三力体系

所谓三力体系，是指以三力为核心的战略模型，即企业基因—原动力，文化赋能—生产力，品牌制胜—影响力。

通过挖掘原动力，确立精准定位，夯实根基；促进生产力，推动全面升级，提质增效；形成影响力，积累品牌资产，基业长青。艾加三力体系，将原动力、生产力、影响力，有机合一、内外兼修，打造客户头部品牌。

（一）企业基因—原动力

时至今日，很多地方银行都已经注意到定位的重要性，其实找定位就是寻找核心基因，只有找到内核，地方银行才能在同质化市场中成功突围。

基因是地方银行发展的原动力，是由内而外才能发现的事物。所以艾加所做的，是全方位梳理，帮助地方银行进行内省，挖掘核心基因，协助地方银行自我理解的原力觉醒，有效解决定位弱化的痼疾。

定位或基因，是地方银行品牌建设值得发力的突破点，也是地方银行品牌建设最为核心的要点。但，如何精准把脉定位呢？

以下四个问题便需要地方银行扪心自问，寻找自我。

1.“你是谁？”这一层问的是企业愿景、经营目标和核心价值观究竟是什么，如果一家地方银行没有宏愿和目标，便宛如失去航向的船只，只能迷失在市场的汪洋之中。

2.“为什么存在？”这一层釜底抽薪，是考验地方银行创造什么才能满足社会和客户的核心需求，只有能创造必要的价值，才拥有立足于市场的本事。

3.“有什么不同？”这里敲打的是地方银行的生存之道，与同业竞争时有何不同和独特之处，即可以给市场哪些关键的记忆点，可以提供哪些不一样的服务或拳头产品。

4.“凭什么被信任？”一家地方银行如果想在市场竞争中活下来并且活得好，那么它就必然要鹤立鸡群，显出卓越的不凡，拥有值得被客户信任的物超所值的东西。

（二）文化赋能—生产力

大部分地方银行在企业文化构建及落地实施上会遇到文化虚化的瓶颈。针对这类问题，艾加强调通过使命引领来解决，倡导文化赋能地方银行。

文化赋能是旨在通过企业文化反哺地方银行业务，帮助达成全方位经营升级的举措，艾加采用的文化建设工具，在建立“核心理念”的基础上，以“外化于行 + 内化于心 + 物化于境 + 固化于制”为核心方法，遵循由内而外的规律，贯之以策略研讨、培训宣导、文化活动、环境落地和制度建设等系统化、体系化的方法，让银行全员对企业文化逐步从认知到认可，从观念到行为，从理解到实践，从合作到发扬，逐步形成强烈的文化共识，全面提升文化生产力和团队战斗力，打破文化虚化的桎梏。

通过系统化的企业文化建设，为地方银行业务积蓄发展的势能，并在日常经营中润物细无声，反向赋能，实现价值和效益倍增，为银行经营带来实质性的丰收。

（三）品牌制胜—影响力

许多地方银行都有缺乏系统性的品牌规划、无法品牌聚焦、纯粹的产品思维导向以及产品同质化的问题。艾加的策略便是认准聚焦突破、品牌制胜的原理，通过一点突破、以点带面的思维全面扩大品牌影响力。

品牌制胜强调了地方银行的品牌力，品牌作为地方银行无形的资产，对外吸引目标受众，拓展知名度，创造品牌信任；对内吸纳员工共创，提升忠诚度，完善品牌架构。专业的工具方法，有助于改善地方银行品牌建设的系统性缺陷，让品牌形成结构体系，建立完整品牌形象；聚焦特色突破，通过宣发组合拳的全面运营，加强品牌印记，夯实品牌价值，创造独特的品牌影响优势，促进品牌资产的累积。

在日益竞争激烈的金融市场，通过品牌去获得市场空间，赢得市场信任，开拓市场合作是一条务实之路，品牌制胜将是市场的自然选择。

通过以上对三力模型的解析，可见品牌金字塔师承文化战略学派，又不止于文化战略学派，着重强调为中国地方银行提供人、事、物一体化解决方案的战略思维。

艾加品牌金字塔源于经典，启于文化，合于实践，结合理论和经验才有了全新的战略思维。

第二章 品牌金字塔解决了什么？

一、中国地方银行经营常见的三个问题

经过大量实践和观察，我们发现，中国地方银行在业务经营和战略制定过程中，往往有三大问题迟迟无法彻底解决。其实这三个问题不仅仅是地方银行的共性问题，同时也是所有企业经营战略的通病。这便是在经营过程中常常步入的误区：定位弱化、文化虚化和品牌僵化。我们将逐一分析，究竟是什么让有些地方银行总是陷入经营战略的泥潭？

（一）问题 1：定位弱化

时至今日，经营企业，无人不知定位的重要性，艾·里斯和杰克·特劳特所著的《定位》在商界可谓家喻户晓。然而，即便如此，定位弱化的问题依旧是众多企业难以摆脱的痼疾。那么，究竟为

什么会出现这种现象呢？

1. 企业为什么存在？我们经营一家企业，首先要问的一个问题就是“企业为什么存在？”这是一个很值得思考的问题。

企业之所以能存在，是因为企业有存在的价值。管理学大师彼得·德鲁克曾经如此定义企业：“企业的本质，在于解决社会问题。”

也就是说，企业能够解决的社会问题越多，创造的社会价值越大，涉及的社会影响越广，那么企业存在的根基越牢固。以微信这个现象级社交产品为例，正因为微信已经成长为国民沟通的刚需级产品，它的社会价值辐射和社会能量是极大的，于是这也赋予了微信极强的社会存在感，甚至强烈地影响着上下游的产业。

对于银行业来说，也同样如此。具体到地方银行，当本地市场充满竞争的时候，自己是否有足够的社会价值和社会影响，与同业相比，自己又有哪些差异化经营策略？只有当这些问题有了答案，地方银行的发展才能蒸蒸日上。

2. 定位不清。毫无疑问，在中国地方银行乃至各行各业的实际经营中，企业定位不清是十分常见的现象，也是老生常谈的问题。在艾加看来，之所以会出现这种情况，与中国企业家的经营思维密不可分。

中国企业家尽管非常勤奋也很辛苦，却往往抓不住重点。我们经常过分注重经营的细节，对经营细节投入过多的精力和资源，对企业战略反而关注不足，认为战略过于宏观而缺乏抓手，很少深入思考。重术轻道成了我们大多数企业家的通病。

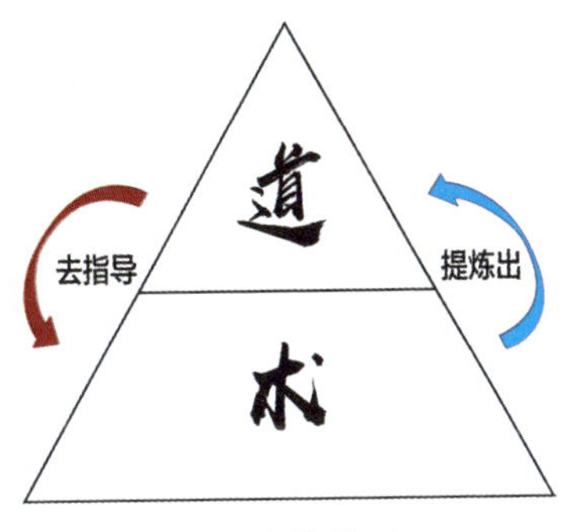

道与术的关系

如果说经营细节是术，那么企业战略就是道了。关于道的重要性，自古以来经验很多。诸葛亮智慧过人，其读书之道就是“观其大略”；毛泽东领导中国，其指导思想就是“战略上藐视，战术上重视！”

其实这些战略家之所以得出这样的经验和结论，就在于战略对企业而言是100%，错了就全错了，满盘皆输；战术对企业而言是10%，错了还能弥补。战术理应是执行层和中层人员注重的层面，细节固然重要但并非企业家这个层面人员关注的重点。企业家的使命则是为企业指引方向，是企业的掌舵人，如果过分拘泥于术的层面则本末倒置，最终将导致企业在战术中打转，在错误的航道上越走越远，从而迷失前进的方向，深陷定位不清的泥沼。

另外，我们还可以仔细研究一下“道”这个汉字。“道”字作拆解，得到一个首和一个走之底。也就是说，“道”是需要我们抬起头经营企业，只有抬头看清了方向，才能让脑袋更好地思考，正确指挥脚下行动，最终到达胜利的彼岸。如果不思考就行动，这是盲目的；如果不努力就想成功，这是虚妄的；如果不懂得停下来，只顾像老黄牛一样拉车，这是愚昧的。只有将这三点朴素的道理结合起来，才是企业经营之“道”。

晚清名臣张之洞曾说：“天下文章：道术而已”，这便点出了道和术之间的动态变化，以及相辅相成的至理。道，并非空穴来风，恰恰提炼于术的实践，源自术而高于术；道，又承担着指导术的功能，为术的执行指点迷津，让术的发力恰到好处。这便是道术相结，互生互惠的义理了。

（二）问题 2：文化虚化

中国地方银行经营战略第二常见的问题在于，建设企业文化时，觉得企业文化很虚，没有实际意义，对经营似乎没有实效。文化虚化的现象导致不少地方银行建设企业文化不积极，或者流于形式，从而产生恶性循环。

那么企业文化是否真的虚而不实呢？

1. 对于企业文化的认知误区。人们对于企业文化的认知往往有很多的误区，常见的误区如下：

（1）企业文化是管理者的事，与员工关系不大；

（2）企业只有发展到高级阶段，才需要考虑建设企业文化；

（3）企业文化是形象工程，是做给外人看的；

（4）企业文化是虚的东西，不如做业绩实在；

（5）企业文化可以一蹴而就，建设起来并不难；

（6）企业文化主要是丰富员工业余生活，提升员工精神层次。

其实，人们之所以对于企业文化有以上的认知误会，是因为对企业文化这种无形资产的理解比较浅薄，短时间内不能立竿见影的事物往往容易让人忽略，产生误解。

要理解企业文化，首先要理解企业管理。企业管理从形式上来说可以分为有形管理和无形管理。有形管理通常囊括组织管理、技术、规章制度、经营手段和经营方法等方面，这些都是企业家和企业员工能够感受到和直接使用到的。但有形管理其实只是企业管理的冰山一角，是冰山露出海面肉眼可见的一小部分。支撑有形管理的却是以企业文化为核心的无形管理，是隐藏在冰山海平线以下的很大部分。

分析一家企业有形管理的方式方法，其背后产生的渊源就在于它们奉行的企业价值观、文化传统、风俗习惯、经营理念和人际关系等无形的影响，产生的这些无形价值的综合便是我们常说的企业文化。因此，企业文化在看不见的地方深刻影响着企业经营的过去与未来。

2. 企业文化是什么？企业文化，又称为组织文化，是一个组织由其价值观、信念、仪式、符号和处事方式等组成的其特有的文化形象，简单而言，就是企业在日常经营管理活动中所表现出的方方面面。

企业文化，也是企业长期经营管理中形成的为大多数员工所认同接受的精神、思想、情感的综合，体现在企业的制度、行为、物质等诸多方面。

企业文化建设最核心的层面是 MI（企业文化识别）理念层。MI 自上而下通常可分为企业愿景、企业使命、核心价值观和企业精神。

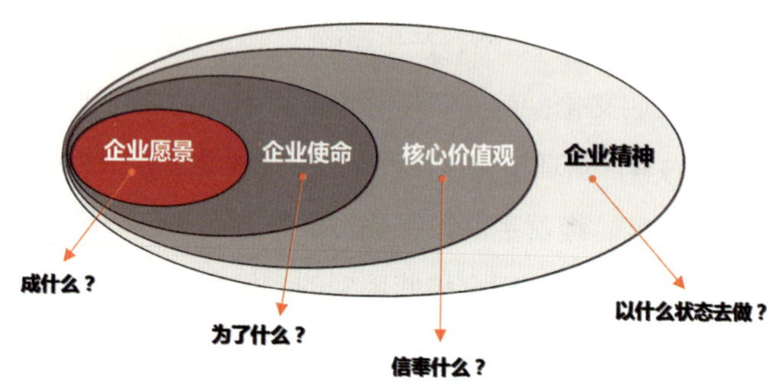

企业文化核心层：MI 理念层

企业愿景描绘的是企业要成为什么，即企业希望创造的未来镜像，是企业与员工共同的目标理想。

企业使命的核心在于企业发展是为了什么。这里重点在于阐述企业存在的价值和意义，以及企业存在的理由和根据。

核心价值观的关键在于企业的信仰是什么。企业在追求经营成功的过程中，其所推崇的基本信念，是企业及员工做人做事的最高准则，也是关于企业意义的终极判断。

企业精神则展示了企业以什么状态经营。这体现了企业彼此共鸣的意志状态，是企业共同追求的精神境界。

企业文化的次一层则是 VI（企业视觉识别）形象层。VI 可以说就是企业的外貌，也是企业文化被认知最外在、最直接的层面。虽然说“酒香不怕巷子深”，但“人靠衣装马靠鞍”也是非常重要的。凌乱的企业形象只有通过系统化的 VI 规范、设计、创作和制作，才能呈现出一整套系列化的视觉输出，良好有序的 VI 设计才能打造出优质的企业形象，从而对外有效传播核心的企业文化。

BI（企业服务识别）行为层则是企业文化的延展和折射。企业行为文化是企业在运作中产生的活动文化、实践文化。它是企业价值观、企业精神、企业经营理念的折射和反映。同时也是企业信奉的价值观，约束企业员工的行为，把控企业经营的运作。BI 将为地方银行提供体系化的行为标准，通过 BI 导入建设，形成完整的行为制度，包括对员工道德规范、领导修养规范、企业服务规范、激励奖惩规范、教育培训规范和风俗典仪规范等。

3. 虚实结合

如果想避免文化虚化的问题，只有把虚的东西做实，实的东西做虚，才能成功。也就是说企业文化和企业经营需要虚实结合。

企业文化务虚，这是企业经营的高度；企业经营务实，这是企业文化的深度。高度与深度的融合，打开了企业的“天眼”，也扎实了企业的根基，两者只有相辅相成，相依相生，才能虚虚实实，让企业发展顶天立地。

（三）问题 3：品牌僵化

品牌僵化是中国地方银行经营战略的又一老大难问题。这源于地方银行在经营品牌时，往往有固化思维，找不到借力打力的窍门，没有经过系统性的思考，让地方银行品牌散而无形，迷失在市场品牌的洪流之中。

1. 新品牌时代的到来。伴随着互联网的发展及 Z 世代的成长，新的品牌时代已经来临，我们每个人每一天，从早上起来刷牙到夜晚熄灯休息，接触的每一样产品无不有着独立的品牌，品牌早已和我们的生活息息相关。我们认知某种产品或者长期使用某种产品的惯性，就源自我们对于特殊品牌的信赖和忠诚。

新品牌时代，特殊品牌信赖和忠诚的重要性

因此，撬动市场最大杠杆的任务，无疑是落在品牌身上。站在消费者的角度思考，消费者眼里的品牌，涵盖了品牌背后所代表的产品、价格、渠道、推广和层次，品牌化的认知让消费者可以快速判断和记住他所需要的，企业对外输出的核心竞争力便是品牌的价值。然而，很多地方银行对于自身品牌却并未深入思考，仍然将品牌作为一种虚化的存在所轻视，这是非常致命的意识。

2. 思维局限与产品同质化。由于产品设计会直接影响业务好坏，因此很多地方银行强调以产品为中心的思维模式，忽略了品牌对于产品的深远影响。如果单单以产品为核心，其实只是“单腿走路”，常常表现为乏善可陈，缺乏品牌的产品是没有灵魂的。产品思维的局限性还会导致同质化的连带问题，就像如今部分没有品牌意识的地方银行所研发的产品，几乎大同小异，很难有明显的识别度。

3. 陷入价格战泥潭。没有特色产品和品牌辨识度的地方银行，陷入价格战的泥潭几乎是必然的结果。其实，产品营销只有两种战争，即价格战和价值战。价格战是缺乏品牌特色的恶性循环，通过价格的恶性竞争去抢夺市场，最后只能陷入越卖越亏的怪圈，产品质量和整体经营必然遭受难以挽回的损失；价值战的本质是品牌战，通过品牌差异化占领属于自己的细分市场，满足用户的个性化需求，展现出与众不同的市场魅力，从而形成健康的良性循环，也就是善于运用品牌建设来摆脱低价竞争的旋涡。

4. 缺乏系统性思考与规划。地方银行在经营战略中也时常缺乏系统性的思维模式，头痛医头、脚痛医脚是常见的范式，缺乏系统性会令品牌战略杂乱无章，相互之间的联系薄弱，无法形成品牌合力与品牌张力。

缺乏系统性思考还会导致品牌发展规划的缺失，没有规划就没有目标，没有目标就没有方向，没有方向就没有动力。良好的品牌规划必须具备品牌定位、品牌管控、品牌健康度和品牌满意度等几个维度，建立长期稳定的品牌管理机制，建立适合品牌的可量化、可检测的品牌资产评估体系。

5. 无法聚焦，不能一以贯之。中国地方银行在制定品牌定位时，还经常犯面面俱到、无法聚焦的毛病。面面俱到的品牌战略，其实只是说了一堆正确的废话，却毫无重点和实际用处。只有懂得聚焦，明确战略方向，才能将有限的资源汇聚一处，发挥出应有的作用和效果，达成战略目的。此外，见异思迁、对品牌战略不能一以贯之，也是很多见的现象。对于战略目标的远景，在实践的漫长道路上，有太多诱惑导致偏离发展方向，地方银行只有坚定意志、沉淀定力，才能坚持到底，实现自身的战略目标。如果在实践过程中左顾右盼，什么都想尝试，最终，大概率会竹篮打水一场空。

6. 品牌价值的重要性。打破品牌僵化，关键在于深刻地认识到品牌价值。品牌对于企业的作用是巨大的，优质的品牌可以提高地方银行的行业地位和社会影响力，也能聚合社会资本、人才，甚至得到政府政策资源的倾斜，并塑造坚实的行业壁垒，提高准入门槛。在市场上，品牌有助于企业拉开自身与竞争对手差距，形成马太效应。对消费者而言，品牌能够缩减用户决策成本，培养用户忠诚度和消费习惯。品牌建设的潜在价值无穷无尽，其收益完全值得地方银行长期投入。

二、品牌金字塔的解决方案

面对中国地方银行经营战略中常见的问题，艾加品牌金字塔又是如何针对性地解决呢？前一章我们已经简要分析了品牌金字塔的结构，主要涵盖“基因 + 文化 + 品牌”三大部分，“原动力 + 生产力 + 影响力”是品牌金字塔的核心力量。如果把品牌金字塔想象成一棵大树，则基因是根，文化作干，品牌为枝，三者相互依存，才能枝繁叶茂。

下面，我们来解构艾加品牌金字塔模型，分析其是如何应对中国地方银行实际经营中的沉疴的。

（一）原动力：企业基因，原力觉醒

品牌金字塔之原动力，针对性解决的便是“定位弱化”的现象。

面对定位不清的现状，艾加所做的最关键的工作就是帮助地方银行挖掘核心基因，找准自身的定位。俗话说“授人以鱼不如授人以渔”，艾加的工作并非凭空捏造一个定位赋予银行，以说

服其接受为目标。我们提倡的方法是“原力觉醒”，也就是充分动员机构自身的原动力。那艾加又是如何调动机构内在的基因呢？

前面说过，品牌金字塔是师承文化战略学派的，所以我们强调思想上的能动性。艾加主张通过各层级的策略研讨，协助地方银行从领导层到基层，都能参与挖掘企业基因和定位的工作。就像小米在《参与感》中提出的，只有赋予参与感，才能调动积极性；只有参与感，才能提升员工黏性和成就感。

当地方银行所有层级的人员都参与进来，综合考量并仔细分析发展历史、产品特征、民间风俗、城市传承和地域文化等因素，最后所得的基因与定位，才能真正被银行上下所认同和接受。

我们相信，如果只是自上而下宣贯，这只是意识摊派；如果希望自下而上推动，这是强人所难。只有一起参与、一起制定，激发机构潜在的原力觉醒，才能凝练出具有特殊专属色彩的定位，并被众人认可。

每家银行所处的地域文化是不同的，有的城市历史渊源，有的地方创新驱动，有的机构厚德载物，有的银行青春奋进。只有挖掘出核心基因，从中提炼出专属于自己的定位，才是永恒的。

通过觉醒原动力，清晰了定位问题，那么地方银行经营战略的“道”也就迎刃而解。“道”的问题确定了，“术”延展的脉络也就是顺理成章的事情。所以，定位本身就是地方银行的头部战略，定位选对了，经营发展方向就不会偏，对银行而言事半功倍。

（二）生产力：使命引领，文化赋能

品牌金字塔之生产力，则是为了解决“文化虚化”的情况。

经过十多年实践，艾加的战略思维是通过使命引领、文化赋能，全面挖掘和提升企业文化，从而夯实文化虚化的基础。如前文所述，企业文化的战略价值无疑是巨大的，因此企业文化的价值输出和精心经营变得尤为重要。

在建设企业文化时，首先，我们会考虑企业愿景，即地方银行的企业文化建设的战略远景目标到底是什么，我们的建设方向是什么，以及我们究竟要做到什么程度。

其次，我们会思考的是银行的价值观，即银行的生存准则是什么，发展和立足的信条是什么，以及我们究竟应该怎么去做，怎么去实现我们的战略目标。

最后，需要深度思考银行的使命，即我们生存的价值是什么，存在的目的和社会意义是什么，以及我们究竟是做什么的。

以上三大思考，在递进的过程中又是相互影响和往复循环的，彼此之间相辅相成。其实机构就像人一样，有愿景就是有梦想，有信条就是有信仰，有使命就是有生存意义，只有拥有这些独特性品质的人，才是精神意义上完整的人，而非异化者。反推机构也是一样。拥有精神与气质完整的机构，将反作用于实质经营，包括它们的产品和服务，从而影响机构的综合生产力、开拓性思维和社会性道德。

1. 企业文化建设目标。若想建立属于自己的特色企业文化，在确立企业文化建设的战略目标时，我们往往需要从四大方面着手。

第一，关于精神共识，这需要经营者、管理人员和员工之间，能够形成基本的文化共识，需要彼此认同和拥有基本的文化内涵，在内部建立和形成共通的文化理念体系，夯实员工的文化共识，助力形成员工思想合力。

第二，促进实践的转化行动，尤其是针对基层管理者和一线员工的实践，因为他们直接关系到客户和合作方的体验，因此需要积极促进基层管理者与员工对企业文化内涵和理念体系形成深刻认同感，在认同共识的基础之上，积极尝试转化成实质的行为，包括服务水平的提升、服务态度的认真以及产品的精细等方面。

第三，建设完整规范的规章保障机制，这需要高层管理者予以足够的重视，建立以文化理念为依据、文化共识为基础的文化规章，既要符合企业文化落地的实际需求，又要形成体系化和制度化的保障内容、保障形式和保障制度，促进企业文化的有效运营和规范可循。

第四，促进长久而有序的特色文化落地，这需要高层的高度智慧、中层的文化共识和基层的通力执行，从而构建具有坚定执行力的企业文化建设的阶段性规划，并根据企业文化建设规划推进特色企业文化有节奏的落地和实践，从而实现独特企业文化的长治久安。

2. 企业文化建设原则。企业文化建设的原则，核心就是专注和简洁，即单点突破 + 多趣传播。因为，更简化、更富趣味性的企业文化才更容易落地，也更容易传播！

3. 企业文化建设工具。企业文化建设的工具比较丰富多样，可以简要归结为以下几点：一个基础 + 四大维度 + 一个原则。

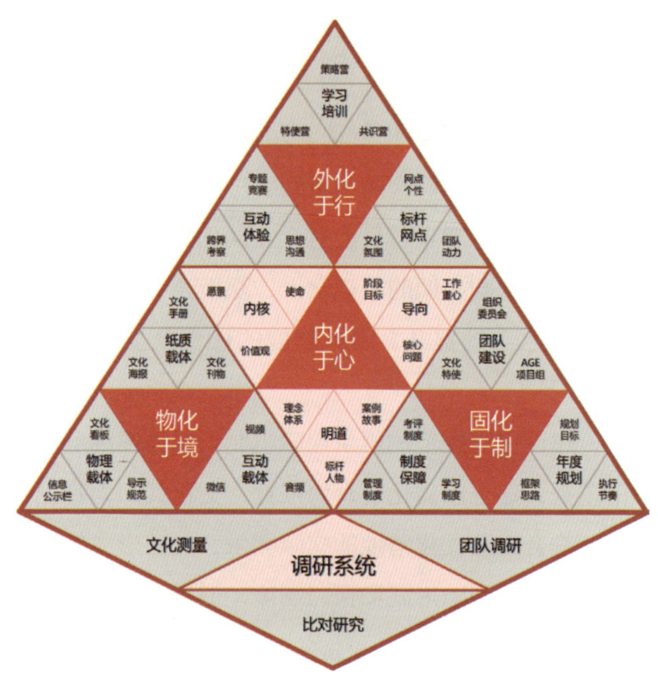

企业文化建设工具

（1）一个基础。所谓一个基础，是指以文化现状调研、团队共识调研以及同行业文化大数据比对研究构成的 360 度调研为坚实基础。也就是说，先有脚踏实地的调研，才有发言权。毕竟企业文化建设的调研诚如孔子之言：“夫人不言，言必有中”，只有这样才能求真务实，才能令人心服口服。

（2）四大维度。坚持以艾加特有的“内化于心”“外化于行”“物化于境”“固化于制”四大维度着手，多趣落地。这四大维度是艾加品牌金字塔工程关于文化赋能工具的核心所在，充分结合和运用以文化思想为主体的“内化于心”，以行动落实为主导的“外化于行”，以视觉传达为主导的“物化于境”，以及以制度建设为主导的“固化于制”，由内而外进行文化赋能，是企业文化建设的有效工具。

（3）一个原则。企业文化建设是一项极其繁杂、漫长的系统性工程，我们需要为每年的企业文化落地找到一个聚焦点。正因为其复杂和繁冗，所以更需要我们在万千头绪中抓住一个线头，以此为焦点，实现庖丁解牛的效果。而且这个原则，也完全延续了我们关于企业文化建设单点突破的原则，辅之以多趣传播，丰富传播的手段、增强传播的趣味性、提升传播的有效性，从而让企业文化建设实现系统性工程的完美落地。

4. 企业文化建设思路。企业文化建设思路主要分为调研体系 + 定位体系 + 植入体系三大体系。

（1）调研体系。在调研体系中，艾加将联合银行高层管理人员开展项目启动会，随后进行 360 度全面调研，为后续工作打下坚实的基础。

在项目启动前，成立项目组织委员会，把握总体项目，协调项目工作，清除项目进程中遇到的障碍，以及重要事情决策等；把控项目软硬件物质设施的准备，如调研人员、调研地点和调研所需资料等，确保项目工作的顺利进行。

紧接着将开展项目启动会和企业文化建设关键内容讲授课程，主要参会人员有银行中高层管理人员及项目成员。在启动会上将阐述项目背景、导入项目的目的、号召全员对项目的参与和配合。项目启动大会是非常有必要的，因为启动大会的召开标志着企业文化建设与管理咨询项目的正式开展，为接下来的调研和研讨共识等行动拉开序幕。

关于 360 度全面调研，需要先全面研究银行现有的资料，包括但不限于银行的历史资料、领导讲话、管理制度、企业网站、行业标杆和企业文化文献等资料。之后，开展主要以问卷与现场走访相结合的方式进行的实地调研，问卷维度覆盖企业文化问卷、品牌形象问卷、消费者问卷三种；对中高层主要开展一对一深度对话访谈；现场走访大量的银行网点，对基层网点形象、服务与文化建设情况进行全面观察，对一线员工和基层管理者进行访谈沟通，倾听一线工作者的心声；拦截网点消费者、VIP 客户进行问卷填写与沟通，获取一线信息；同时进行同业调研，走访同业兄弟，包括但不限于国有银行、邮政储蓄、城商行、其他商业银行等；更关键的则是进行地域文化调研，脱离银行环境，积极考察当地民风民俗、人文景观及经济发展状况，寻求企业文化的根源所在。

艾加多年聚焦于地方银行这个群体，并深耕细作，拥有丰富的行业数据库。因此，除了实地调研之外，我们还将进行同业大数据比对，找到更适合该银行的企业文化建设之道。

（2）定位体系。在定位体系中，艾加沿用文化策略研讨等形式凝聚共识，专注研讨、提炼出定位、愿景、使命、价值观等核心文化理念方向，以此确立企业文化内核及体系。

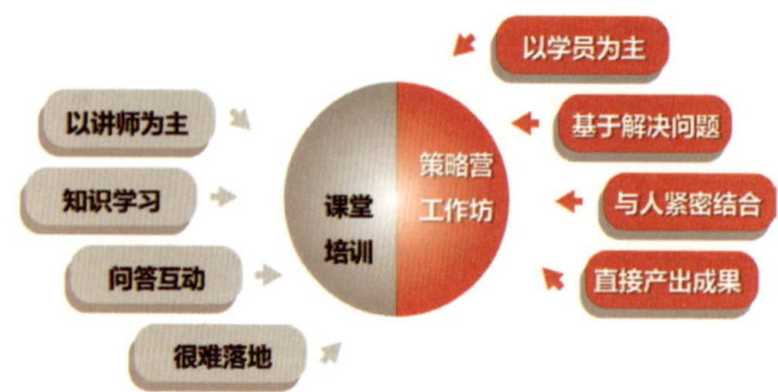

策略营工作坊与普通课堂培训的区别

我们主张采用中高层策略营会来激发定位共识，让银行所有的中高层管理人员济济一堂，高效率地定位银行发展的未来。与普通的培训课程不同，中高层策略营会采取以学员为主、基于解决问题、与学员紧密结合、能直接产出结论成果的营会形式，强调以人为本和高效简洁，艾加更多的是作为一个引导者的角色，通过授人以渔的研讨技术，激发银行中高层的思维潜能，发掘中高层的集体智慧。

营会上，我们将引导企业中高层领导学员进行文化内核的研讨，包括企业愿景、企业使命和企业价值观等核心理念，并引导学员进行导向聚变主张的研讨，主要目的是在明确文化核心理念的基础之上，为企业文化的落地工作找到一个聚焦点，方便寻找后续文化落地的抓手，实现聚焦一点、突破全局的战略目标。在研讨文化落地的聚焦点时，我们通常经过多个层面的文化分析，深化文化的内涵，明确文化品牌的精神和象征内核，以银行、员工、客户等位面进行文化聚焦的剖析，让聚焦点实实在在地落地，而不仅仅是银行的自言自语。

（3）植入体系。至于植入体系，则是文化赋能“四化体系”的实践，即我们一直强调的“内化于心”“外化于行”“物化于境”“固化于制”这四大维度。

“内化于心”

通过文化理念宣贯、案例故事征集、树立标杆人物来实践内化于心。

我们认为企业文化手册，是银行文化理念的载体，是员工的行为纲领，是统领各项工作的基本准则，是银行的“宪章”或“根本大法”。树立标杆人物，挖掘优秀文化故事，倡导优秀文化精神，并通过文化内刊、微电影、情景剧和巡讲等多种宣传形式，对内激活员工创造力、荣誉感与参与感，对外树立银行良好形象。

“外化于行”

通过系统学习培训、互动体验、标杆网点打造来实践外化于行。

针对银行中高层的学习培训有2天1晚的“中高层文化力共识营”，针对文化建设部门及文化特使的学习培训有3天2晚的“文化特使训练营”，针对以优秀员工代表的各支行及部室基层人员的学习培训有2天1晚的“基层员工共识营”，各层次人员均有相应的培训课程。

强调互动式体验的课程设计，主张结合走出去的外出学习+请进来的专家授课+文化活动拓展（总行规划、支行自发开展）+服务大使评选（一年一届）+公益活动等多重课程和活动形式，旨在通过灵活多变的活动式课程提升学员的行为和认知水平。丰富的互动体验设计，以及跨界体验的课程互动，旨在拓展学员的思维模式，帮助学员跳出自身的行业和岗位框架，让学员在立体式的体验中形成属于自己的解决方案。通过点滴关爱凝聚员工，为员工创造出一种“银行是我家”的强烈归属感，以“我们的家”为活力源头及补给站，打造出更具活力的团队，为银行的发展不断注入新鲜活力。

标杆网点的打造，重点则在于聚焦最小战斗单元，促进员工行为改变。首先是关注思想建设，解决为什么大家要在一起奋斗的问题，立足于组织文化落地，打造团队凝聚力；其次是关注能力建设，解决员工能不能做和怎么做的问题，夯实基层团队管理根基，激发创新活力；最后是关注内容建设，解决团队在一起做什么的问题，彻底释放团队成员潜力。

除此之外，还会进行企业文化知识考试，在考试前随机抽取各支行及部室员工，实施闭卷考试，通过考试考查文化宣贯效果。

按情况策划推广文化案例故事征集演讲巡演，主要分为四大步骤。

第一步，在各支行文化特使的配合支持下，基于前期案例故事口述，全员撰写文化案例故事，重点结合文化理念撰写故事感悟。

第二步，内部评选，选拔优秀作品参加总行案例故事演讲比赛，形成《各支行案例故事集》。

第三步，总行案例故事演讲比赛，形成《总行案例故事集》。

第四步，活动结束后，制作传播视频，同时进行优秀案例故事巡回演说。

在经过一定时间的外化于行后，对银行的企业文化建设进行综合考评：对各支行和各部室企业文化建设进行综合评估，重点考量文化建设过程参与、文化建设痕迹管理、文化建设成果和文化建设暗访等；通过实施两种 PK 形式，即考评结果大 PK 和现场实战大 PK，评选出企业文化建设先进支行及部室，传播经验；对后进组织指出问题和整改建议。

“物化于境”

通过设计纸质载体、物理载体、互动载体传播来实践物化于境。

这是为了让文化真正实现“无处不在，日久生情”的效果。正所谓“百闻不如一见”，科学研究表明视觉神经更能控制大脑，视觉神经对大脑的控制比听觉神经大 25 倍；学习感官来源以视觉为主，哥伦比亚大学的研究报告证明，我们学习的感官来源有 85% 来自视觉；所以视觉教具可以更好地点明主题、节省时间、吸引注意力、加深记忆印象。因此我们将文化理念汇聚成册，例如设计《MI 企业文化手册》《MI 企业文化特刊》《企业文化故事集》等，并在企业可以看得见、摸得着的区域都进行系统的文化输出，包括企业大楼、办公环境、服务空间、银行网点、员工制服和企业用品等方方面面作企业文化植入，为的就是实现企业文化的潜移默化和润物细无声。

“固化于制”

通过加强团队建设、完善制度保障、落实年度规划来实践固化于制。

在团队建设中，通过机制保障的建设进行强化，作为企业文化落地的先行者和重要人物，针对文化特使出台了关键性规章制度《文化特使管理制度》，对银行文化特使进行管理、评价和激励，形成企业文化推委会—总行文化特使—各支行及部室文化特使的组织架构，为企业文化宣贯落地提供人员保障，使企业文化内训成为长期机制。完善企业文化建设的考评机制，文化建设管理考核小组根据各项目得分，评选出文化建设优秀团队、优秀单位和文化建设优秀个人。旨在将企业文化宣贯在职员工覆盖率达到100%；企业文化认知测评员工参加率达到100％、测评通过率达80％合格；各支行及部室年度运用各种宣贯载体（活动）≥5种。也就是说，考评的不是文化，而是谁把文化运用得最好。

此外，重点进行企业文化建设的年度规划（1~3年为一个完整跨度），在一年规划的时间脉络基础上形成3~5年的规划，基于四化建设，有序、递进开展企业文化落地实施内容。

针对内化于心的形式规划，组织开展文化宣讲大提升课件大赛；举办文化理念知识竞赛；细化价值观行为规范；定期举办文化创新沟通会；组织文化大宣讲风云人物评选；组织文化知识内部考试；定期开展文化型晨会；强化团队文化建设，组织设计团队名片等，不断加强团队凝聚力和文化力。

针对外化于行的落实规划，积极推进学习培训类、目标达成类、专题竞赛类、团建沟通类、体育竞技类、表彰仪式类、习俗公益类、放松娱乐类的组织活动，诸如中高层文化力提升培训、文化特使提升培训、主题培训、读书会、全年节庆活动、客户生日祝福、晨会比赛、服务大使评选、技能大赛、文化微传播大赛、支行团队活动PK赛（实施后积分）、文化宣传报道PK、趣味运动会、乒乓球赛、年度文化建设先进个人和单位总结表彰大会、情系留守儿童、义务植树、青春骑行、社会公益活动、行庆文艺晚会和户外拓展等各类大小活动，丰富企业文化建设的活动形式。

针对物化于境的传达规划，可定期举行文化墙创造大赛；组织文化摄影及文化落地画面优化比赛；打造优秀文化微信评选大赛；展示各网点家文化打造成果；强化文化型标杆网点打造，让标杆的作用不断凸显和放大。

针对固化于制的建设规划，通过组织网点、部门文化实施策划大赛；完善文化建设考核机制；建立健全内训师、特使管理制度；形成各支行及部室文化建设机制 PK 赛，按数量和质量得出总分等，从而让员工拥有足够的文化参与感和文化归属感。

5. 企业文化建设成果。如此一来，则有机会形成三大文化建设成果。

（1）企业文化建设的格局基本形成。从银行企业文化建设推进中，可以逐渐体现银行实施企业文化建设的决心和成果，银行内部自上而下不仅从思想上凝聚共识，在行动上高效执行，并且在不断地激发和创造更多可能性和持续性，锻造银行潜在的文化生产力。

（2）企业文化建设的系统规划完善。银行对企业文化的推进以事先规划的计划展开，将企业文化建设当作银行重要的工程长期性、日常地落地执行，同时设置相匹配的推进机制和推进团队，更系统更有序地保障企业文化建设效果。

（3）提升企业文化辐射影响力。银行企业文化建设初见成效，提升企业文化的生产力和辐射力，影响和推动地方银行在行业内的深远发展，包括在同业和省联社层面。

简而言之，艾加往往会采用营会和四化工具等形式，促进凝聚共识，专注提炼出定位、愿景、使命、价值观等核心文化理念，通过文化手册、文化上墙、文化宣贯、文化活动和文化制度等一系列专业的企业文化落地措施，形成显性化的文化呈现和文化势能，不断加强银行的文化输出，让文化无处不在，让文化深入人心。

深入探索，则可知文化赋能的本质就是集中并激发地方银行所有积极向上的力量，确保整体战略的实现。显性表现之一就是将文化符号化，以符号化的文化增强识别度。通过系统化的专业设计，将文化理念融入视觉元素，更具统一感和层次感，符合市场审美需求的同时，全方位提升地方银行的识别度。显性表现之二就是将文化行为化，员工在深刻理解并融会贯通之后，通过自身的行为精准地传达地方银行的文化理念，既具备明确的引导性，又有助于捋清银行的价值体系。

用户体验银行文化，产生消费关系，本质上，体验消费的就是银行的符号化和行为化。

为什么这么说？

因为在市场化的今天，所有的商品、服务都是分层的，人们对商品和服务都进行了分级，用户通过体验和消费层次来展示自己的社会等级。例如，同样是一个背包，为什么有钱人愿意花极高的价格去购买奢侈品，而普通人则更愿意消费实用品？仔细想来，无非是有钱人看中的是品牌、倡导的文化和服务价值，普通人则更注重产品的耐用性、性价比等。有钱人通过社会公认的高端品牌符号和服务来彰显自己的特殊地位，以便与普通人作区别。我们可以认为这是一种人性的虚伪，但不得不承认这是自由市场化的必然。

所以使命引领、文化赋能，就是将银行企业文化的符号化、行为化工作做深做透，满足市场的需求，提升企业生产力。那么符号化、行为化的工作完成以后，下一步又该如何扩大市场影响力呢？

这就要谈到品牌了。

（三）影响力：聚焦突破，品牌制胜

品牌金字塔之影响力，则是为了解决“品牌僵化”的顽疾。

如上节所述，用户消费企业文化、服务和产品的本质就是消费符号，那么打造专属的企业符号，便是我们常说的建设企业品牌。

而建设地方银行品牌之道，即在于以基因定位为引导的思维模式，打造品牌 + 文化的“双引擎”一体化工程，对外品牌制胜，对内文化赋能。两大体系相辅相成，缺一不可。其间并无轻重高低之分，只是品牌外显，而文化相对内敛，品牌可资产化体现价值，而文化主要作用在管理和战略实施中。企业文化的作用，通过“人”而贯穿始终。对内文化赋能，上一节已简要阐明，此处不再赘述；而对外的品牌制胜的核心要点，便在于聚焦突破，在于实践和落实“宽度一公分，深度一公里”。

艾加对于品牌建设的策略，关键点始终在于品牌的聚焦，强调一点突破，在品牌聚焦的基础上，再专注于核心品牌架构的结构性、品牌形象的系统性、品牌调性的一致性。

因此在解构品牌模型时，我们将品牌建设的聚焦之法归纳为“八个要素”：定位、名称、个性、口号、包装、背书、渠道和事件。

在践行品牌建设方法之前，通常会先作一次深入的品牌诊断。犹如老中医一般，对地方银行既有的品牌进行“望闻问切”，也就是通过调研和洞察，全面剖析品牌问题，做充分的市场洞察、竞争分析、客群画像和自身分析等工作，从而在 SWOT 分析后，寻觅属于地方银行自己的品牌机会。

1. 定位：在这一阶段主要是要形成品牌的核心价值主张，通过地域特色、行业属性、银行目标、客户需求等综合考量，构建独属于自身的品牌定位，形成与众不同的品牌核心价值主张，打造不同的品牌故事、创建不同的品牌架构，从而将品牌差异化形成优势能量场。

2. 名称：品牌如人，一个好的名称必不可少，一个寓意美好、简单易懂、朗朗上口又便于记忆的好名称，将给银行带来无穷的传播能量和品牌声誉。好名称还有利于品牌宣传体系的打造，对后面品牌包装、品牌传播、品牌资产积累都有着深远的影响。

3. 个性：品牌和人一样，只有拥有属于自己明确的个性特征，才能让目标受众更容易记住。通过不同形式的内容，不断传递并强调品牌的专属性、唯一性，吸引和激发目标群体的共鸣和口碑传播，传达出品牌独有的魅力，这也是品牌打造差异化的利器。

4. 口号：品牌口号的最终目的便在于强化用户认知，因此最终阶段的作用在于品牌印记的强化。强化品牌印记的方法有很多，响亮有效的品牌口号是最直接、有效的方式，高质量的品牌口号将增加传播效能，一句极具传播力的品牌口号，会为品牌带来超乎想象的利益。

5. 包装：这一步是为了建立属于银行独特的符号印记和品牌形象，对于消费者而言，银行外在的视觉表达是市场对品牌认知的第一步，也是最具印象的一步。我们需要创建足以承载品牌价值的视觉表达，创建属于自身的品牌形象和产品形象，形成规范化、体系化的品牌视觉，打造系统化的手册、宣传片、吉祥物等传播内容，从而搭建起核心形象的传播介质。

6. 背书：人们对消费品牌最基本的元素在于信任，而品牌背书则是增强品牌信任的核心要素之一。品牌背书的形成，会提升品牌的厚度和深度，同时也聚合成品牌的能量场，增加品牌对于消费者的吸引力和在行业市场上的权威性。

7. 渠道：随着时代的进步和发展，如今地方银行的渠道建设逐渐充分结合“线上 + 线下”的全渠道模式，线上渠道需要着重打造银行官微、官网，甚至是 App；线下渠道则需充分建设和打造特色网点、智慧网点和社区网点，形成网点的差异化、智能化和亲民化。

8. 事件：品牌运营推广的重点之一在于营销事件的设计，以及媒体宣传与传播策略，与传统规划相比，现在的媒介规划更需要囊括大众媒体和自媒体，紧抓传统媒体和宣传渠道的同时，以事件营销发力于自媒体是进一步接触用户的新基点，而作出差异化经营和特色化经营的自媒体，是事件营销传播广度和深度的要点所在。

当然，除了遵循专业的打法之外，还应不定期地测量和评估品牌表现，适时进行策略微调和战术修补。

“定位”是品牌建设的核心所在，也是品牌制胜之“一点突破”的聚集点。品牌定位是为品牌确定一个核心内涵，让它拥有一个清晰而有力的品牌意义。需要从以下四个方面匹配发展规划。

（1）相关性：考察的是和目标群体的相关性在哪里？即定位虽然需要不同，但不能无的放矢，为了不同而不同。因此，在追求独特性的同时，需要寻找和目标客群的相关性，寻找双方的契合点，这是用户能够接受品牌的首要重点，也是品牌塑造的抓手。

（2）差异性：指的是和竞争对手品牌相比，有哪些不同之处？银行业的产品和服务有相当大的相似性，从中找出差异性并非易事。但也正因为如此，需要从定位角度攫取不同，而如此形成的差异化更能为银行带来与众不同的回报。

（3）延伸性：品牌延伸性的规划，考虑的是品牌的想象延伸有多大？可以到哪些业务领域？这种延伸性和品牌想象力，决定了银行品牌的高度，也影响了银行业务的广度。延伸性对于银行的发展前景和业务产值有着极其深远的作用。

（4）可信性：定位的可信性，在于如何让目标群体相信银行有能力实现品牌定位的相关性和差异性？这是表达了银行关于目标客群的可接受的差异化定位，具有信任度和操作性。这意味着不同定位既不能过于天马行空，也不可自缚手脚，需要真诚务实而长远的预判。

其中关于品牌定位的“延伸性”值得展开说明，延伸性的确立极其关键，因为它对银行业务有着直接和深远的影响。我们建议从四个维度进行基础分析，并确保最终确立的定位具有足够的延展性。

（1）行业维度：关于行业的讨论，重点在于行业的发展趋势是什么？它会对品牌建设产生什么样的影响？行业的发展趋势决定了地方银行的未来走向，是否转型，是否联合，是否跨界？对银行定位有着框架性和顶层设计的影响力。因此延伸性的确立，首先必须思考行业相关的品牌因子。

（2）自身维度：对于银行自身，关键在于目前的品牌资产是什么？核心竞争优势是什么？也就是说，需要思考银行自身拥有多少市场筹码，竞争优势和比较优势来自哪里。这些因素将影响延伸性的基本方向和实操内容。“打铁还需自身硬”是颠扑不破的道理。

（3）客户维度：客户是延伸性必须考虑的因素，思考谁是银行的目标群体？他们的需求和对于品牌的期望是什么？因为客户的需求决定了银行去探索和提供什么产品或服务，或者说银行可从其中研究、激发某种潜在的相关需求，创造崭新的市场，拓宽银行品牌的延伸性。

（4）竞争维度：很多时候，竞争对手就是最好的老师。充分考察竞争对手在说什么？他们在品牌建设方面有什么值得借鉴的优秀实践？这些思考和研究是非常有必要的。在充分竞争的市场里，没有人是非理性者，因此竞争对手的差异化以及非常规行为，都值得银行好好研究，以彼之长为己所用，将竞争劣势转化为竞争优势，是聪明的经营诀窍。

现在已经是信息量爆炸的新品牌时代，用户每天接触的品牌千千万万，但根据二八法则和实际体验，能吸引人的品牌却只是少数。为了在品牌红海中脱颖而出，我们能做的就是品牌聚焦化和品牌差异化，将有限的资源投入一个品牌的整合塑造，从而延展品牌之影响力。

此外，品牌框架可以是分层的，但核心品牌必须是上下一致的。例如以京东商城和京东金融为例，两者都强调了京东的主品牌属性，也统一了红色的形象色系，并且都沿用了京东狗的吉祥物，仅在 LOGO 延展上有所区别。所以京东在整体品牌调性上保持了一致，在品牌形象上坚持了系统性，核心主品牌也得到了强调，因此整体辨识度极高，让人一眼就知道是怎么回事，也清楚这个品牌的文化表达和产品服务。

反推目前很多地方银行遇到的品牌问题，则往往是各产品线的品牌形象互不相干、品牌结构混乱、品牌色系混杂、品牌调性冲突，等等，尽管花了很多力气去做各个产品线的品牌，最后却让用户“丈二和尚摸不着头脑”，完全搞不清哪个才是你的品牌。

因此，前期集中精力梳理品牌，中期聚精会神塑造品牌，后期全力以赴升级品牌，是品牌聚焦的战略节奏，单点突破、以点带面，一以贯之地坚持迭代，是打破品牌僵化的不二法则，也是发挥品牌价值、扩大品牌营销和享受品牌附加值的思想策略。

艾加品牌金字塔的三力模型，是专为解决中国地方银行经营战略三大问题的量身定制。在对三力模型解决问题的原理有了初步了解之后，为更好地分析模型的实践作用，也方便读者形象地理解认知，后续章节，我们将引入艾加十多年来的典型案例，通过案例分析来解构品牌金字塔的三力模型。

第三章 品牌金字塔之原动力

以探索文化内核，追溯企业基因为手段

激发地方银行的原力觉醒

坚持由内而外，由己及人

企业定位，精准挖掘

头部战略，高屋建瓴

以道御之，以术驭之

追本溯源，无往不利

针对“原动力”，艾加强调的是专注企业基因，激发“原力觉醒”。提出定位与原力两个关键词，是因为艾加希望通过这两个关键点来解决银行经营中常见的“定位弱化”的现象。

毫无疑问，定位是企业发展中最难把控的一环，多少具有优秀潜质的地方银行陷入定位迷茫，在激烈的商战中困惑不已。在艾加十多年服务的经典案例中，成功走出自我定位之路的地方银行不在少数，其中以江苏张家港农村商业银行（以下简称张家港农商银行）、青海省农村信用社联合社（以下简称青海农信）、江苏邳州农村商业银行（以下简称邳州农商银行）、福建福州农村商业银行（以下简称福州农商银行）和浙江甬城农村商业银行（原宁波市市区农村信用合作联社，以下简称甬城农商银行）尤为典型。

一、张家港农商银行

——001 号农商行　大家金融　成就大家

（一）高瞻远瞩，开启文化品牌塑造之路

张家港农商银行成立于 2001 年 11 月 27 日，是全国首家由农村信用社改制组建的地方性股份制商业银行。截至 2008 年，张家港农商银行下辖 1 家营业部、32 家支行、51 家分理处，机构网点 84 家，员工 800 余名。

可以说组建之初的 8 年，张家港农商银行在经营的起步阶段是非常成功的，它们坚持遵循“伴随你成长”的经营服务理念，积极发挥全国农村金融改革“试验田”的典型示范作用，扎实推进改革发展，经营实力显著增强，运行质量不断提高，盈利能力大幅提升，多项核心经营指标跻身国内一流商业银行行列，例如：

2006—2008年，该行在中国银监会风险监管评级中连年被评为二级行；2008年，入围中国最大50家商业银行。

早在2007年11月13日，张家港农商银行就已经获得中国银监会出具的第一份关于同意农商行上市的监管意见书，并进入上市预审阶段。

2008年，张家港农商银行跨区域发展取得历史性突破，先后战略入股江苏兴化农村合作银行、安徽休宁农村合作银行，参股江苏昆山农村商业银行、吉林长春农村商业银行，设立全省首批农商行异地支行之一——通州支行，并作为主发起人，分别在山东省寿光市、江苏省东海县各设立一家村镇银行。

2009年，张家港农商银行加大跨区域发展步伐，全力推进上市。

在彼时，张家港农商银行正由过去的一家地方性商业银行，朝着以中小企业银行、零售银行为特色的区域性现代金融企业迈进。然而，在大步发展成长过程中，张家港农商银行并非没有烦恼：银行定位的不明确、银行文化的不明晰、外观形象的混乱、员工思想观念的陈旧、品牌覆盖面和影响力始终受局限等。

张家港农商银行管理层非常清楚，如果不及时作出改变，银行的上升势头将会迎来“新手墙”，从而发展陷入瓶颈。为此，银行高层果断启动了塑造品牌工作，并选择艾加担当起助力重任，从而也开启了双方长达十多年的合作之旅。

（二）从优秀到卓越，实现蜕变升级

2008年，艾加担任张家港农商银行“品牌管家”，以当时的艾加品牌金字塔为依据，从MI文化力入手，启动VI/SI形象力、BI服务力建设，同时大力实施包括AD、PI、PR在内的传播力建设，全面推进张家港农商银行品牌金字塔工程建设。

在工程实施过程中，艾加遵循了挖掘企业品牌原动力的思路，兵分几路对张家港农商银行的中高层管理团队、基层员工以及银行客户、社会公众等，以个别访谈、集体座谈、随机拦截、封闭式问卷等多种形式进行深入调研，从而全面掌握了张家港农商银行的历史背景、发展现状及未来诉求等重要信息。调研组还以第三方身份，暗访了张家港农商银行的竞争同业，对银行的竞争环境有了深入了解。同时，调研组还深入张家港的城市乡镇、街头村舍深度挖掘张家港这座改革开放热土的历史文化和现代城市精神，为接下来准确提炼该行的文化基因、把脉该行的战略定位提供翔实的参考。

通过全面深入的调研，艾加把脉到张家港农商银行当时最为核心的问题在于“定位弱化”和对前进的方向不够明晰。为此，艾加因地制宜，为张家港农商银行提出了“从优秀到卓越”的卓越品牌工程，即并不否认此前的优异成绩，但更追求长远的发展方向。艾加通过MI策略营、企业文化提炼、制定文化手册等方式方法打造卓越文化，通过标志升级与VI/SI视觉空间识别体系塑造卓越形象，通过文化落地与专业培训形成卓越服务，通过结构化的品牌系统以及视觉化的画册&TVC宣传等形式开启了卓越传播，从而落实了体系化的卓越文化，促使张家港农商银行完成第一阶段的蜕变。

张家港农商银行第一阶段建设成果

坚持十年卓越文化的定位让张家港农商银行创造了不菲的成就，2017 年，该行成为全国首批上市的地方银行，真正成为地方银行体系的领先者。自此，张家港农商银行的发展进入了全新的阶段。新阶段，便是新的征程，其品牌与定位势必要进行新一轮的梳理和整合，以便适应新发展的需求。

下一步，张家港农商银行的品牌建设将走向何方？为了找到新的答案，我们决定帮助该行从心出发，用归零的心态回到原点，找到那个隐藏在身边的答案。

（三）追根溯源，不忘初心

为了挖掘张家港农商银行深处的文化基因，艾加沉下心来回顾张家港这座千年古城的历史，静心发掘这座城市的基因。

在挖掘过程中，我们发现张家港曾是高僧鉴真东渡日本的起点，是一座追求真理的城市。相传鉴真是唐朝僧人，律宗南山宗传人，他曾应日本留学僧请求，从张家港出发东渡日本弘传佛法，在日本佛界享有极高的声誉。

当时航海条件落后，鉴真每一次出海都需要冒着极大的生命风险，历经千难险阻才能到达东瀛之岛。其间，海上风浪兴作，触礁、沉船、牺牲以及官员的阻挠，可谓困难重重。更令人震惊的是第五次东渡，由于突遭暴风雨侵袭，鉴真的船只在大海上漂泊了14天，顺着洋流漂到了海南岛的振州。返途时，62岁的鉴真大师不幸眼疾发作，双目失明。此时，他的心腹大弟子祥彦圆寂，邀请他的日本僧侣友人也病故了。饶是如此，鉴真依旧克服艰辛到了日本传法，并前后共计六次往来中日，其弘法之志坚、求真求理的心愿之决绝，世所罕见。

鉴真大师这样的弘法精神，影响着一代一代张家港人，人们将这样可贵的意志化作了城市精神，张家港人于真知中见真实，于艰险中见真心，于坚持中见真情！毫无疑问，这是一座拥有见真精神、大家气魄的城市。

除此之外，仔细研读张家港这座城市，我们还发现它还是一座大开大合、面向未来的明星城市。张家港，城如其名，港口是这座古城的根基，也是其文化的渊源所在。作为一座港口城市，张家港拥有开放与包容的心态，更拥有拥抱未知的好奇心，是城市发展的基础，是城市活力的源泉。它有着走出国门迈向世界的勇气，更有砥砺前行不畏艰难的冒险精神，敢为人先是张家港人共同的特点，力争上游是张家港人好胜的竞争力。

（四）继承核心基因，书写新篇章

张家港农商银行生于斯长于斯，张家港的城市基因无疑早已牢牢印刻在银行人的骨髓之中。因此，当我们追根溯源，找寻那些深埋于每个张家港人心底的精神，就能探索出专属于张家港农商银行的核心基因。对于每个银行人来说，张家港精神，就是张家港农商银行赖以生存、日益传承的永恒主题。

回顾张家港农商银行的发展历程，看看它走过的每一步路，创造的每一个成就，那无数个“第一”：全国第一家改制翻牌的农商银行；全国第一家启动上市预审、首批上市的农商银行；首家在传统核心系统采用分布式数据库的农商银行等，无疑都在体现张家港的城市精神——对于真理的追求与执着，对于未知的创新与冒险。

除了城市精神，一座城市的规划与发展，也同样与当地的银行息息相关，张家港也不例外。张家港市 2018 年政府工作报告明确提出：“未来将着力培育‘两新一高’产业集群，推动传统产业加快智能化改造，向高附加值产业链拓展……争当全省‘具有国际竞争力的先进制造业基地’建设主力军……着力推进港口经济从大物流向大数据、大平台聚合攀升。”毫无疑问，创新与科技，是张家港未来最重要的方向。张家港农商银行自然会顺势而为，其战略规划也将导向打造聚焦实体、轻型化运作的综合金融服务商，成为有温度、有情感、有个性、体验优秀的社交型零售银行。因此，它在制定发展策略时，能够审时度势、应时而变，并积极推行与之配套的小企业金融、小微金融“两小战略”。

这种协调一致的和谐，显然来源于张家港城市的基因，也是张家港农商银行亘古不变的基因。它继承，它推陈出新，它发扬无畏的创新精神，共同书写属于这座城市和张家港农商银行的全新篇章。

（五）凝聚大家共识，共创大家文化

当我们深挖出张家港农商银行骨子里的基因之后，下一步就是唤醒沉睡在银行人思想深处的文化基因，凝聚大家的共识，激活共同的记忆。在张家港农商银行的大力支持下，我们对银行中高层开展了企业文化策略共识研讨。

张家港农商银行中高层研讨

通过调研报告分享和课程培训，我们让大家对银行发展现状、存在问题与不足有了全面、充分的认识，对张家港的城市基因、城市与银行的文化关系进行了深入探讨。各级领导层对文化基因的内涵和作用、如何提炼属于张家港农商银行的文化基因与发展定位有了基本认知，而穿插在课程中的活动丰富有趣、发人深省，让与会的每一位学员深刻地认识到自己身上所肩负的使命责任，以及与同事密切协作发挥团队合力的重要性。经过数日的激烈思辨和研讨，与会的银行中高层领导就张家港农商银行的未来发展定位和核心文化基因达成基本共识。

在此番第二轮升级的共识研讨之后，张家港农商银行确立以“大家文化”作为新一阶段的文化定位。因为银行人在充分沟通中，发现想要概括与容纳张家港的城市精神，充分展现银行发展积淀与潜力，唯有“大家”是不可或缺的因素。换言之，张家港农商银行提倡的大家文化，是一种实现员工、股东、客户互利共赢的利益共同体文化，这是大家文化的第一层；此外，大家文化也代表了张家港农商银行人未来将追求共同理想、共同信仰、共同信念的价值导向。至此，大家文化将张家港农商银行的团结拼搏、包容创新、负重前行和敢于争先的精神糅为一体，自成一派，展现了其更高品格的大家风范，符合银行发展新阶段更上一层楼的战略升级需求。

所以我们说，大家文化是“大家金融，成就大家”，每个人都能在这里成功，每个人又是不朽的助力者，彼此相存相依，彼此携手共进。

在此基础上，我们逐步细化了大家文化，提出了张家港农商银行成为“中国农村金融先行者”的发展愿景，追求“让普惠金融触手可及”的企业使命，确立“专业专注，简单高效，担当作为”的核心价值观，弘扬“敢于争先，乐于奋斗，臻于卓越”的企业精神，建立“创新驱动，风控有效，行稳致远”的发展观，进一步升级和明确了上市后张家港农商银行的企业定位和发展方向。

此后，我们又梳理了以“大家”为定位的文化体系，创建了“家和”“家道”“家兴”为核心概念的企业文化，其中“家和”主导客户、员工与股东，助力打造三者的利益共同体文化；“家道”则落脚于合规、产品与服务，是主抓张家港农商银行立身之本的关键文化；“家兴”则追求和睦、幸福与成长的远大目标，是企业使命的文化落实。之后，我们通过文化升级的营会形式进行文化宣贯与传播，将大家文化逐步深入人心，众口铄金君自宽，为未来实践力行埋下思想的种子。

张家港农商银行大家文化落地

（六）不断进化，构建大家金融品牌体系

大家文化到大家品牌，从文化外化为品牌，是大家文化进一步进入人们视野的过程。对于张家港农商银行而言，既然大家文化是企业内核，那么未来推行的战略品牌就顺理成章地运用了“大家金融”。关于大家金融的品牌概念，我们跳脱出以往固有的思维，充分借鉴了佛与道的思想，这也是受了鉴真大师的启发。因此大家金融的品牌理念独树一帜，是为“无界，乐享，随心”。作为全国第一批上市的地方银行，“海纳百川，有容乃大”的战术思维是必不可少的。

“无界”取自“无远弗届”，旨在发展金融科技的第一要务，就要让智慧金融无处不在，贯穿于银行发展与服务的方方面面，通达四方；“乐享”则代表了商业，就是信息与服务的共享，培育财富的力量，张家港农商银行将助推商业成长，创造乐享金融新生态，用生态思维去助力客户和伙伴；“随心”则代表生活，无论我们如何奋斗，最终都将落到生活，落到每一个人，所以大家金融以人为本，为客户、为员工、为股东，为每个人的幸福家庭实现自由、美好、随心生活的愿望。

张家港农商银行品牌架构体系

“大家金融”作为张家港农商银行新金融的主品牌，根据不同场景与需求，又衍生出三个重要品牌：一是党建品牌“大家党建”，将党建工作升级为一个品牌的高度来抓，将党建工作与经营业务实现同频共振、同步发展、相得益彰、相互成就；二是微贷品牌“OK Life”，立足于小微金融，覆盖各行各业的微贷客户，希望有梦想，爱生活，用心创造，让客户不等贷，随时满足客户的所急所需；三是培训教育品牌“大家微学院”，这是张家港农商银行深谋远虑，重视人才培育的战略，大家微学院肩负着传承希望、传承智慧的决心，秉持着包容与严谨之态，寓教于人，真正体现以人为本、以人才为根基的品牌思想。

张家港农商银行大家金融

张家港农商银行 OK Life

自从明确了“大家金融”品牌方向，细化了各衍生品牌发展动线，张家港农商银行上市后的经营可谓百花齐放。2019 年，“大家党建”荣获了“全省国企党建创新案例奖”，在省内史无前例地把党建当作品牌来经营，令人耳目一新，是党建工作的全新思路；2021 年 6 月，张家港小微贷成功进入良性运营状态，实现 200 亿元的贷款余额，在助力小微、扶助“三农”的承诺上更进一步；而“大家微学院”则在紧锣密鼓地落实学院建设工作，梳理学院品牌文化及运营模式，进一步推进培训工作的落实与前行。

（七）与时俱进，品牌宣传推广年轻潮化

张家港农商银行的品牌宣传策略始终与时俱进，以确立年度主题的形式，进行整体性的策划，并根据时代特色不断推陈出新，采用紧追潮流、永远年轻的品牌宣传推广形式。

2021 年，我们与张家港农商银行共同确立了“犇腾吧！大家”年度品牌推广计划，同时在整个年度的重要时间段聚焦一个事件话题，集中发力寻求品牌爆点。

我们洞察到，在新零售引领消费升级、带动供给侧结构性改革的大潮下，出生于 1995 年以后的 Z 世代人群成为新晋的消费主力军，品牌年轻化刻不容缓。国内以泡泡玛特等为代表的潮玩公司迅速崛起。据微博搜索数据显示，每年有近 20 万人会花 2 万多元去收集盲盒，而且此数据还在持续攀升。盲盒对 Z 世代用户强大的吸引力，让品牌看见了一片蓝海，IP 嫁接潮文化所展现的市场效果远超许多人的预计，盲盒与 IP 的双赢模式成功地让我们看到了营销的新赛道。投其所好，才是 IP 的根本生存之道。与此同

时，“盲盒 + 直播”经济模式快速裂变，作为一种创新的宣传形式，正在快速拓展至多个领域，其背后潜藏的是巨大的传播能力。

于是，我们助力张家港农商银行瞄准 Z 世代，着力将超级 IP 打造成爆款，并结合“盲盒 + 直播”的宣传推广形式，让创意本身与客户进行情感交融，直击年青一代的内心。

当我们确定 IP 盲盒化的形式以后，角色选定成了重中之重！艾加项目组深入挖掘后发现，20 年来在张家港农商银行服务“三农”的征途中，活跃着无数奋斗、创新的身影。这些身影是港城的根与魂，更是张家港农商银行的客户缩影。OK 仔披上不同的外衣，扮演着形形色色的人，映射出了一个“勇于奋斗、敢于争先”的港城缩影。

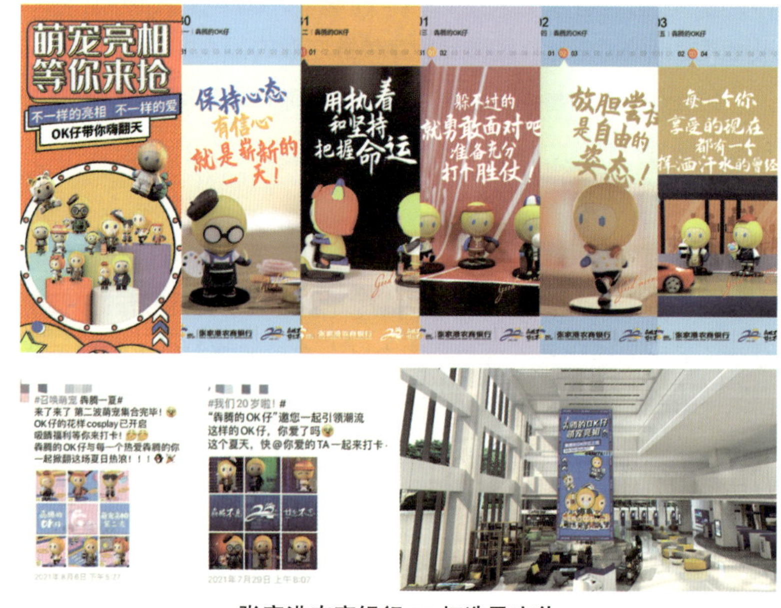

张家港农商银行 IP 打造及宣传

在直播之前，我们进行了充分预热，在线上以朋友圈为先驱地，精准投放客户群体，全程霸屏式传播，用优质宣传激发用户兴趣，让“犇腾的 OK 仔”从用户中来，又回到用户中去。充分发挥微信作为社交平台的优势，以公众号、朋友圈、社群等多维形式内容触达多圈层用户。在线下则以张家港农商银行总行及网点为中心辐射周围人群，网点多，传播范围广，更有积分兑换盲盒周边好礼吸引客户驻足，强化张家港农商银行“年轻潮流”的品牌形象的同时，完成品牌对年轻用户的扩列。

线上线下双管齐下，通过当下广受年轻人喜爱的形式，创造新的品牌接触点，不断强化 OK 仔作为张家港农商银行 IP 的品牌形象，走进年轻人的内心深处，促进了张家港农商银行品牌年轻化发展。

张家港农商银行盲盒线上直播

2021 年 8 月进行的张家港农商银行“犇腾的 OK 仔”系列盲盒线上直播吸引了众多目光，收获了将近 7 万人次观看量。为回馈新老客户，这款突破次元壁的盲盒只送不卖、个性十足，引发了极强的破圈效应。此次堪称全国农信系统的首款盲盒直播，成功扩大了地方金融与年轻人对话的窗口，无疑是张家港农商银行乃至农信系统历史上浓墨重彩的一笔！

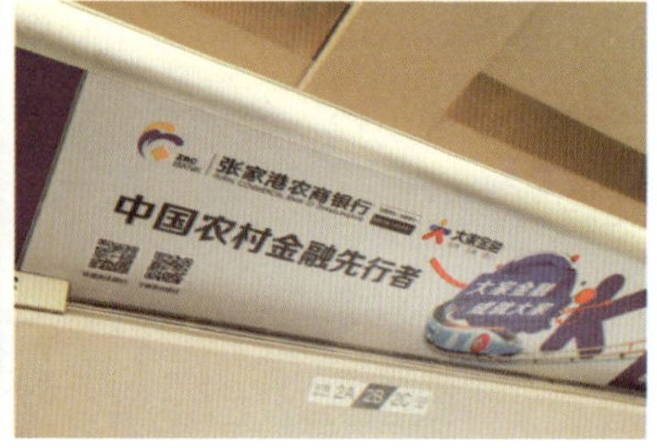

张家港农商银行高铁冠名

一路走来，我们与张家港农商银行一起追根溯源，挖掘银行的本土基因，因循了定位—文化—品牌的清晰脉络。张家港农商银行成功塑造“大家品牌”，凝练了“大家文化”，并创建了“大家金融”，对“大家金融”作出了体系化的品牌延展，让“大家金融”品牌显得更为饱满和丰富，品牌立体化建设已经初见端倪，品牌升级改造工程同样渐入佳境。相信作为一路“伴随与成长”的伙伴，未来我们还将继续深入合作，深化“大家”品牌系列，帮助张家港农商银行完成全面转型和积极创新的工作，让大家成为“大家”。

二、青海农信

——做普惠金融工匠

（一）新基因之源，一切尽在地域文化

说起青海农信，新一轮的文化品牌打造案例是我们的第二次经典合作。早在 2012 年的第一轮建设中，“羚动”成了当时最为核心的关键词。作为青海高原上的象征，羚羊兼具速度、灵巧、力量、稀缺等独特元素。艾加深刻研究了青海省人文地貌，长期派遣专业人员驻扎青海跟进项目，最终选定了羚羊作为文化地标元素，并根据当时青海农信期望打造快速反应的服务模式，创造了“羚动”系列品牌，其中主打贷款的“羚动时贷”也成了一时经典之作，“更快、更高、更强”同样成了当时脍炙人口的宣传语，这句简短有力的话很好地表达了彼时青海农信的愿景，将速度与灵巧的美感展现得淋漓尽致。

随着金融业日新月异的发展，青海农信也迎来了新一轮升级的需求。“羚动”的快速与灵巧已不能完全契合新的时代，青海农信的战略思想、现实经验管理情况、外部金融环境都已经发生了翻天覆地的改变，由此提出与时俱进的提升需求，需要形成与之相匹配的全新文化理念体系，诸如愿景、使命与价值观等理念，并成为青海农信未来发展的指引性文化纲领和行为导向。

这一切又将全部诞生于专属青海农信的文化基因，只有找到这个内在的核心基因，我们才能为青海农信提炼和塑造全新的形象，以满足当前的青海金融市场。然而，这个令银行中高层为之苦恼、纠结、焦虑的新基因之源，究竟来自哪里？在茫茫人山人海之中，我们又该何去何从？

俗话说“万变不离其宗”，掌握方法论便是掌握了世界。根据品牌金字塔方法论，我们依旧着力寻找青海农信的企业文化原动力，挖掘企业基因，激发“原力觉醒”。我们重新梳理，用从零开始的心态回归青海的本土文化，亟待在无穷无尽的地域文化宝藏中找到最珍贵的那抹曙光。

这一次基因探索之旅，同样是一场关于文化本源的旅程，最遥远的永远在身边，最耀眼的永远在眼前，只要我们打开思维，用专注与专业去寻找答案即可。随着时间推移以及艾加对文化研究的深入，青海地域文化基因的蓝图渐渐清晰。我们发现，青海最独特最有别于其他地方的，是它浩瀚缥缈、气势磅礴的高山与流水，青海拥有的是有别于沿海城市的港口旖旎、江南风光的小桥流水、北方平原的一马平川、西南群山的错落叠至，而是独具魅力的巍峨与肃穆、沉稳与开源，是雪山的神秘风采，也是三江源的万物之始。

（二）凝练文化基因，构建超级定位

每每畅望青海的昆仑山脉，那绵延无尽深藏云海中的高耸伟岸，仿佛低声诉说着青海千百年来的兴衰起合，那一份静肃的稳重令青海平添了一份值得信任的色彩，青海人脚踏实地、务实劳动的民风深受山之巅的自然文化影响，本地居民犹如很多虔诚的信徒一般，对山有着纯粹的信仰与敬奉。作为地方农村金融的主力军，青海农信积极响应国家战略，坚定支农支小支牧、服务本土的战略定位不动摇；不断强化金融服务能力，实现深耕实体经济、回归根基的价值目标。显然，这是青海农信永恒坚定的理想与信念。作为地方银行，信誉无疑是最好最关键的口碑，只有以诚为本，才能八方来客；坚守风险底线，坚持合规经营，实现自身稳步有力的可持续发展，这才是实现青海农信长远发展的稳健之源。于是“山之信”成了青海农信新品牌基因的第一种元素，所谓心有信仰，信诺如山。

坐落于青海省南部的三江源，其海拔高达 4800 米，是世界屋脊——青藏高原的腹地，为孕育中华民族、中南半岛悠久文明历史的世界著名江河：长江、黄河和澜沧江的源头汇水区，故称为三江源。如果说黄河与长江是中华文明的母亲河，那三江源便是母亲河的摇篮，是中华文明的起源。老子曰：“上善若水，以水为德”，孕育千古文明的水源，其德其恩诉说不尽，并且还将如此渊远无私地奉献下去，滋养着沿途的绿地，滋养着山麓的富饶，滋养着青海人的生生不息。六十多年一路走来，青海农信持续践行普惠之道，润泽一方，静水流深；又以润万家而不争功的初心践行普惠金融的使命，这是一种不显山不露水的从容与情怀。青海农信人在追求理想与事业的过程中，倡导以水之德、以德正己，秉承水的精神品质，以海纳百川的包容气度、百折不挠的奋斗精神砥砺奋进。这是青海农信人共创美好未来的精神支撑。因而“水之德”是青海农信无法忘怀和抹去的文化基因，正是因为水之源的存在，让青海变得特别，令青海显得特殊。

青海人有着西北人民的特点，豪迈而胸怀宽广，有着自信与敢作敢为，但就是这样外表粗犷的民风，也掩藏不了他们爱家顾家的本性。注重家庭和家族的文化让他们团结且友爱，因为彼此是同乡家族，所以有着天然的信任和淳朴。在老一辈青海农信人看来，同根同源，他们团结如一，一辈子都愿意敬业，一辈子都甘愿奉献。如今新一代农信人传承了前人的精神，他们秉持着同心同行的信念，希望与农牧民们共担共荣、荣辱与共，并且有着新时代年轻人锐意进取、充满学习的渴望精神与上进的积极思维。站在巨人的肩膀上，新青海农信人更自信，也看得更远。回首往昔，青海农信始终是一个团结奋进的大家庭，每个青海农信人都是其中一分子。六十多年的发展历程，他们携手走过风风雨雨，荣誉从集体来，力量从团结来。青海农信人追求个人与团队的有机相融，共生共长；青海农信鼓励精英的出现，但他们更相信团队的力量。凡是遇到困难和挑战时，团结一切可以团结的力量，同心协力，心往一处想，劲往一处使，拧成一股绳，下定决心，就能排除万难，夺取胜利。与此同时，青海农信也重点关注员工成长，强化员工归属感，与员工共享发展成果，只有相互成就，才能共同成长，为员工打造事业发展的家园。“亲之家”汲取了青海当地民风民俗的元素，青海农信人愿以行为家，与银行、与青海、与老百姓共进共退、风雨同舟。

追寻企业文化的基因，本身就是追寻企业文化的根源。对于青海农信来说，新阶段的品牌文化升级，其需求便源于新金融的发展潮流。如果说，过去追求发展的速度与效率，如今则回归脱虚向实，未来将积极响应国家政策方向，回归本源，以服务青海实体经济为核心业务，坚持以客户为本，通过专业的服务和专注的精神，作出优质的品牌，作出有自身特色的产品，真正实现扎根当地，推行普惠金融，惠及城市与青海农牧民。客户的满意与信赖就是青海农信人最大的动力，因时制宜，从客户的需求出发，关注客户的服务体验，这是其服务的本源；根植地方，服务地方，深耕“三农”、小微、社区，以差异化、个性化的产品和服务赢得市场，这是青海农信人所倡导的经营之源。因此“本之源”是青海农信未来发展业务的重中之重，是青海文化元素中务实的根基，从而一切以客户为本，一切源于为市场服务。

至此，“山之信”“水之德”“亲之家”“本之源”便成为青海农信全新升级的核心基因，强调为客户服务的宗旨，构建起“源于为您”全新企业文化品牌，激发了品牌原动力，成就了“源于为您”的品牌口号。

（三）做普惠金融工匠，文化就是力量

作为全国唯一普惠金融综合示范区试点省份青海省的地方金融排头兵，青海农信始终有着“做普惠金融工匠”的宏大愿景。青海农信作为扎根青藏高原的地方金融机构，通过一代代青海农信人坚持不懈的开拓，铸就了优秀的企业文化。在青海农信企业文化的传承与发展上，其优秀的企业文化是企业持续发展的精神支柱和动力源泉，资源或许会枯竭，唯有文化生生不息，只有不断加强企业文化建设汇聚发展合力，才能走出一条符合自身实际情况、差异化的普惠金融发展道路。

青海农信企业文化建设

艾加在充分挖掘当地的文化母体，发现根植于青海特有的文化底蕴和六十多年青海农信文化的深厚积淀，提炼出“信·德·家·源”这一文化基因的基础上，为青海农信开创了一套独具特色的文化体系、培养了一支为梦发声的内训队伍、开展了一场精彩纷呈的文化大赛，通过一系列专业文化建设创新举措赋能青海农信的高质量发展。青海农信文化建设正在有序进行，艾加持续助力青海农信将文化置于墙上、写于册中，让文化深深地烙进了每一位青海农信员工的心里，激发工作热情，增强团队凝聚力，为全力推动青海农信“信·德·家·源”文化落地生根，全面展现各行文化特色及企业文化建设成果，彰显青海农信的品牌影响力，真正发挥践行普惠金融工匠精神的文化力量。

（四）山高水长，塑造超级形象

确认了“源于为您”的新定位，便需要将基因元素深入青海农信的方方面面，在对青海农信进行全新品牌形象设计时，我们将此前提炼的基因元素一一融入，从而追求设计语言与文化语言有机统一的和谐。

当我们为青海农信优化新的 VI 设计，即便只是简单的一抹曲线，也是文化元素的一种延展，那是三江源、昆仑山与无限未来的象征，是青海本土文化与新世界连接的渠道。

青海农信视觉基因元素

青海农信 VI 色系上也延续了青山绿水的元素，这是秉承了象征水的智慧蓝、象征丰收的普惠绿，寓意双关，文化共振。

在全新创意设计过程中，我们十分注重提取青海水的元素，为的是衍生延展形成水波的形象，波纹起伏，犹如数字 8，又形似无限的符号 ∞，结合昆仑山的地貌形象，连绵不绝，既体现了青海农信的行业属性，又寓意了无限宽广的未来。从 LOGO 中提取青与蓝的主色调，保证了视觉规范的统一性，蓝天、白云、青山、草原和碧蓝的青海湖，是青山相接，水天一色，汇聚成高原的独特色彩。山水相连，水波相融，融会贯通文化之心，传承中国古代金融文化的精髓，再树现代金融新风范，是充分尊重与运用青海农信品牌基因，充分展现与表达青海农信品牌定位的成功设计典范。

青海农信 VI 应用设计

（五）以客户体验为核心，打造超级空间

为了在青海农信总部大楼更好地落实精神堡垒“信德家源”，规划设计在总部大楼建造一座智能流水控制系统，总部大楼的四座气派楼宇的建筑群，在功能上各司其职，也正好融入和对照了“山之信”“水之德”“亲之家”“本之源”基因元素，形成主题化的设计语言。

青海农信总部大楼规划设计效果图

这座智能流水控制系统的创意来自青海三江之“源”，圆形的造型寓意圆满，中央流水则是财富的象征。采用镜面金属材质，在中央与间歇式喷泉，形成智能流水控制系统，可随时控制水流

释放的节奏，在水流中形成青海农信的 LOGO 图形，其科技质感可谓跃然纸上。

青海农信总部大楼前台设计效果图

总部大楼内部的装饰也将采用全新的设计语言，紧紧环绕最新的文化品牌体系。其中总部大厅文化景观造型灵感提炼自青海农信辅助图形，由金属材质抽条弯曲构成，体现的是山的起伏、水的蜿蜒，在挑高、较高的大厅中，增加了整个空间立体程度，提升了来访者的空间观看体验。

青海农信总部大楼特色元素融入

采用青海特色元素——“高原精灵”藏羚羊的形象来点缀大

厅楼梯区域空间，将青海的自然氛围带进室内空间，增加室内的灵动感和大厅整体的辨识度；贵宾休息室的风格灵感来源于昆仑山的图形，采用背光发光方式，和前景的金属隔栅配合，产生了隽永的新中式审美氛围；餐厅则融入青海农信的主色调“智慧蓝、普惠绿”，使青海农信的视觉元素贯穿新大楼的方方面面。

总部大楼装修的制作工艺也处处考虑到企业文化的内涵，巧妙地通过光元素的不同运用方式来展现，繁复地运用自然光、直射光、背光、反光、投射光和流光等丰富光源，进行精妙的构思采用。所用装修材料同样活用青海材质元素，紧扣“信·德·家·源”文化概念，体现了企业文化视觉呈现的包容性。例如会议室导视便采用青海的石材元素，抽条亮面金色金属及亮面银色金属字，即便在没有主动光照的情况下，也能最大限度地保证导视的辨识度。类似的设计在总行大楼里可谓比比皆是，处处用心。

对于银行网点空间设计，我们也是结合企业文化和品牌基因，进行了全新、科学和审美的重塑，将空间设计语言和网点布局进行了精巧的结合。

关于青海农信的网点空间动线，我们进行了全新的梳理和设计，力求将用户动线尽可能合理，把用户体验提升到极致。在这方面，充分体现了“源于为您”一切以客户为中心的思想，注重客户的体验感和舒适度。

在空间内部的设计上，我们同样遵循这套新的设计思想。在客户咨询区域，融入触摸互动技术，实现智能填单等功能，提升体验感和便捷度；在网点书吧等休闲角，力求布置温馨舒适，核心需求是与环境协调一致；在智能服务区，则采用了流线型防窥板，集功能性和私密性于一体；在客户等候区，配有可查询资讯的互动屏和产品资料，充分利用客户闲置时间，扩大品牌宣传的覆盖面；在现金区，运用了半透明玻璃隔离设计，既有私密性，又保持透亮度，是一种双重考虑；在非现金区，配备舒适度高的沙发椅，给客户更好的舒适度；在公共教育区，则有书架、电子屏、电子银行等设施，配备齐全；理财服务专区，则为网上银行体验桌配备高脚凳，便于客户使用电子设备，体验感佳；在 24 小时自助服务区，其设计思路旨在将整体造型充分运用青海农信辅助图形，追求现代简洁的风格；VIP 接待区兼理财室，为了突出这里的高级感，运用了水墨风格背景，色调更具有质感，整体格调沉稳大气，更符合 VIP 所需的质感。在 VIP 室采用了高品质的桌椅设施，注重舒适感；理财室，则侧重于强调独立空间，注重私密性，设计时做到有的放矢。

青海农信网点空间设计

整套SI空间设计始终在遵循青海农信“源于为您”的品牌定位，紧紧围绕客户体验提供设计语言，将青海元素与网点打造合而为一。

（六）承前启后，超级IP全面代言

现在是一个盛行IP的时代，出色的IP是企业文化的延展，更有助于客户的品牌记忆，对于青海农信，我们同样打磨了一套全新的IP形象。此前“羚动”系列的大获成功，让我们有足够的理由沿用经典的羚羊元素，将其融入最新的IP。

我们将全新的IP命名为“阳阳”，其元素来自藏羚羊的“羊”字谐音，同时汲取青海群山上的阳光之意，内含普惠金融的精神。藏羚羊是高原最美精灵，在生命的禁区顽强成长，蕴含更高、更快、更强的自强精神，是“天行健，君子以自强不息”的象征，充分展现了青海农信人面对困难不怕苦、不怕累、不服输的思想，始终坚定理想，胸怀天地，心怀客户，务实笃行。

阳阳以藏羚羊为原型，采用拟人化的卡通设计，并融合了青海农信的LOGO元素。其体型优美、身姿灵巧矫健，展现出砥砺奋进的强大动力，透过藏羚羊独有的灵动而尽情展现。其性格设定是坚韧而有活力，有着鲜活的生命色彩。

黄褐色的皮肤设计取自藏羚羊本身的肤色，显示出我们追求真实自然，是回归本源，更是强化“源文化”的印象，将设计初衷百分百地承载“源于为您”的品牌基调，表现青海农信将始终贯彻“以客户为本，根植当地，源于为您”的服务理念。

青海农信吉祥物设计

三、邳州农商银行

——又红又特　润泽四方

江苏邳州农商银行坐落于运河苏北段的怀抱之中，自古以来便以运河作为自己的精神图腾。沐浴于运河的柔美之风，润泽四

方，含蓄包容；熏陶于运河的阳刚之气，涤瑕荡垢，厚重载行。邳州秉承了运河的“和”精神，追求身心和谐，天地共生，讲究与人为和，张弛有度，进退有序，与中华传统文化相引相行。同时，深谙运河的“开放”精神，在新时代中通达求变，创新不止，与现代文化融合呼应。

因此，艾加帮助邳州农商银行以运河为基因，提出了业内广为人知的“润和文化”，将“润于心，和于行”的“润和文化”作为企业发展的核心生产力，落实了“润和金融”的发展与建设工作。

润和文化

润于心　和于行

同其他地方银行相比，邳州有着比较不同的地方，其在企业文化建设中始终坚持发挥“党建引领”的作用，坚持将党建寓于企业文化建设中，坚持以先进文化促进生产力，坚持以银行发展反哺文化建设，主动探索“文化”“党建”“发展”融合的途径和方法，三者相互促进、协同发展，形成了文化活、党建强、发展兴的良好局面。

独具特色的党建文化让邳州披上了浓墨重彩的红色袖章，以此为原动力的邳州农商银行，为其此后的发展带来了超乎想象的潜藏能量和神秘色彩。

（一）红色基因，传承古今

邳州历史悠久、人文荟萃，境内大墩子遗址距今六千余年，是江苏省文明的最早起源。奚仲造车、邹忌讽齐王纳谏、程邈创制隶书、张良圯桥进履……述说了悠久的历史和灿烂的文化。经历了楚汉相争、三国角逐、宋金交兵以及闻名中外的淮海战役、禹王山抗日阻击战，邳州更是中国工农红军第十四军军长兼政委李超时、共和国最小的革命烈士小萝卜头的故乡，是“一不怕苦、二不怕死”王杰精神的发祥地。这些使得邳州的红色基因源远流长，为邳州的党建文化追根溯源。

鉴于此，近年来，邳州深入贯彻党的十九大和习近平总书记系列重要讲话精神，认真落实江苏省和徐州市决策部署，积极抢抓国家“一带一路”建设的战略机遇，始终保持勇猛精进的鲜明特质，加快建设东陇海沿线和大运河沿岸的区域次中心城市、重要工业城市和现代化中等城市，这也是党建文化不断传承的基础。

此外，邳州区位优越、交通便捷，自古有“北接齐鲁、南连江淮”之称，东临亚欧大陆桥东方桥头堡连云港，西依历史文化名城徐州，陇海铁路、霍连高速公路横穿东西，大运河纵贯南北，是国家“一带一路”和江苏省“两纵两横”战略重要枢纽城市。同时，邳州加快建设“一港一环六路六桥”，形成了四通八达、覆盖城乡的现代化交通格局。这一切也为邳州更好发挥党建文化的赋能作用奠定了先天的资源优势和政策优势。

（二）激活红色引擎，完善组织制度

关于党建文化的建设并非成于一朝一夕之间，首先，源于强化顶层设计，完善党委领导下的公司治理机制，从而激活红色引擎，助力银行长远发展。

早在2017年初，邳州农商银行便是江苏全省率先将党建写入章程的地方银行，将党建基因融入公司的治理文化，明确和落实党组织在公司治理结构中的法定地位。随后建立了与发展战略目标相一致、与发展模式相匹配、与经营管理方式相协调的“党建+经营”的组合机制，并完善了重大决策党委会前置程序。

其次，优化了邳州农商银行高层机构的组织架构设置，着重帮助落实党的路线方针政策，有利于党建文化的开展与推进。在党委统筹下调整、优化机构设置的前提下，积极主动地对接国家重大战略的实施推进，积极落实“三农”事业、普惠金融、小微金融，大力攻克农村金融“最后一公里”的难题，全面匹配乡村振兴战略。

最后，邳州农商银行还主动凝聚外部合力，利用党建平台实现信息共享、发展互促，开展多层次、多角度的党建合作共建，以争取政府支持、优势互补、发挥服务“三农”合力，例如，与组织部实现政府银行共建，实现徐州公积金中心合作共建，完善王杰部队双拥共建，与上海交大共建“普惠金融研究中心实践基地”，为更好服务“三农”，适应农业农村改革新常态提供了有益探索和先进经验。

邳州农商银行与王杰部队双拥共建

对于基层的党建组织建设，邳州农商银行落实了党的“两个覆盖”——组织覆盖＋工作覆盖，充分发挥战斗堡垒的作用。邳州农商银行始终坚持“一个支部一个堡垒，一个堡垒一个特色”的原则，对符合条件的支行一律成立党支部，暂不符合的以“便于工作、就近分片”为原则成立联合支部。

邳州农商银行还不断完善党建的制度保障，通过强化党建工作的考核，激发基层组织党建活力。创造性地把绩效管理引入党建工作，将党建目标层层分解、内容层层细化、责任层层明晰，建立多项考核指标，使党支部绩效考核具体化、明晰化，并建立专门发展晋升通道，对党务工作扎实、服务“三农”能力突出的可优先选用，以抓党务工作来衡量党建和经营业绩的质量。

（三）“党建＋文化”的深度融合

1.“党建＋文化”融入活动。为将党建文化有效地落实与深入人心，邳州农商银行设计特有的“党建＋文化”活动体系。目前，邳州农商银行形成了每年“7 个 1”的党建＋文化活动体系，即一部文化主题微电影、一部党建专题纪录片、一个红色主题学习活动、一本最美人物故事集、一家文化主题支行、一个结对共建基地、一项增进员工福祉政策。

例如，服务“三农”、精准扶贫主题的微电影《银杏树下》《伞》《幸福的蒲公英》等先后获亚洲微电影艺术节、中国银行业微视频大赛等多项殊荣；小萝卜头、王杰系列主题活动获江苏省委宣传部、江苏省国资委等多项表彰，专题纪录片在央视“国家记忆”

栏目播放；“润和”合唱团获第 14 届中国国际合唱节银奖。

邳州农商银行还率先积极开展主题教育活动，强调群众路线、“三严三实”、“两学一做”、反对四风，常态化开展井冈山、延安、古田、周恩来纪念馆、焦裕禄纪念馆、小萝卜头纪念馆、王杰烈士纪念馆、碾庄战役纪念馆等学习活动，并创造性地建立党委联系点制度，明确党委班子成员党员联系点，班子成员每周必须下乡村，强化群众意识和服务意识。

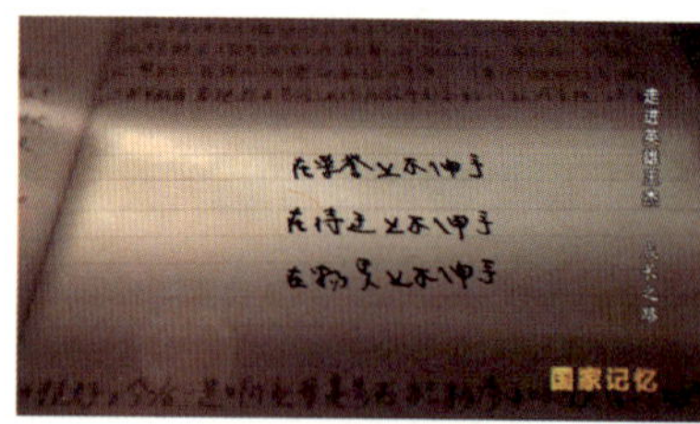

邳州农商银行王杰专题片在《国家记忆》栏目播出

通过一系列主体鲜明、影响广泛、效果显著的活动，邳州农商银行激活了“党建 + 文化”动力引擎，释放出巨大的红利及动能，凝聚全员强烈的认同感、归属感以及强大的精神动力，员工自觉、自主、自愿地参与到该行的经营发展中来。

2.“党建 + 文化”融入产品。邳州农商银行还将“润和”文化积极融入产品创新，围绕服务“三农”、助力小微、精准扶贫等主题展开，创建了扶贫贷款系列、润享贷—消费金融系列、服务小微系列和润惠贷—惠农系列。丰富产品体系的同时，也完成了产品线梳理的规整工作。

3.“党建 + 文化”融入制度。在文化制度建设上，邳州农商银行形成了“诚信”+“责任”+“创新”+“利他”的制度体系。

“诚信”：成立了“诚信”文化管理工作机构，建立全行合规台账及合规积分管理制度，使“诚信”文化建设渗透于绩效考核体系。

“责任”：强调以稻盛和夫的“六项精进”为指导培养“责任”文化，导入阿米巴经营模式，建立员工参与管理的平台，凸显员工主人公地位，激发员工工作激情与责任。

“创新”：培育鼓励积极向上的“创新”文化，把文化整合为制度创新，融入经营管理的全过程和每个细节，启发全员的思维和行为方式。

“利他”：以标杆网点创建为契机，践行“利他”文化，通过“三要、三不要”清单，教育员工以成人达己、换位思考、实现双赢的角度来对待工作、对待客户，使员工发自内心的用心工作、真心服务。

4.“党建＋文化”融入网点。邳州农商银行成立不同主题的红色文化导入网点，主要分为红色文化主题、传统文化主题、特色产业主题和特色服务主题四大类网点。

红色文化主题网点以王杰支行、碾庄支行、振中支行为代表，更是在王杰支行设立了红色教育基地，强调红色精神，强化责任担当。

传统文化主题网点则以奚仲支行、八集支行为代表，奚仲支行主打奚仲造车历史概念，传承工匠精神；八集支行主打继承和发扬“儒家五常”传统文化美德。

特色产业主题网点则以银杏支行为核心，主打聚力服务“三农”、小微及特色产业，提供更加高效、便捷的金融服务。

特色服务主题网点则以更综合、更全面地服务社区客户为目标，注重服务环境的舒心，提供集多功能于一体的综合型服务。

邳州农商银行王杰支行红色教育基地

邳州农商银行奚仲支行

5.“党建＋文化”融入技术。为深入践行普惠金融，坚守服务“三农”战略定力，凝聚发展强大动能，助推业务实现高质量发展，邳州农商银行搭建了有效的大数据平台，升级优化 CRM 系统，扎实推进阳光惠民工程，有效提高农户覆盖面，为服务“三农”提供了精准的数据分析和决策。

与此同时，邳州农商银行还创造性推出“智慧党建”App 并成功上线，通过“指尖上的党建”这种方式，学习党的各项路线方针政策，以及服务“三农”、乡村振兴战略等方面的文件政策、专家解读、最新动向、特色案例等，同时通过系统向党员干部下发目标任务，后台可随时监控目标完成进度。“智慧党建”有效提升了邳州农商银行党组织和党员的工作效率及质量，也为党建引领各项业务发展创造了有利条件。

6.“党建 + 文化”融入人才。邳州农商银行党建工作深谋远虑，积极建立红色队伍，储备红色人才，建立了苏北地区的第一家企业大学——润和学院，通过涵盖各层级的全员轮训，注重培养“泥腿子”银行家。与很多企业大学着力打造高大上的逼格不同，“润和学院”注重培养员工发扬新时代“背包精神”，着力培养深入田间地头、走村串巷、提供无微不至金融服务的客户经理队伍。

邳州农商银行党建教育组织建设还远不止于此，他们还与市委组织部合作建立了专业的党员培训学校。邳州组织部党务专家定期定向开展党务专项培训，不断加强党员干部党性修养及政治素养，培养艰苦奋斗、攻坚克难的精神。

7.“党建 + 文化”融入廉政。邳州农商银行十分看重行内党建的廉政教育，力图营造风清气正的氛围，每年常态化开展廉政专题党课、预防职务犯罪讲座、参观廉政教育基地、廉政主题演讲、家庭助廉会、廉政书画展、观看警示教育片和拍摄廉政微电影等形式多样、内容丰富的活动，营造风清气正、艰苦奋斗的良好氛围。

积极开展“权力清单”“问题清单”“负面清单”等排查，对违规违纪行为构筑立体监督网，扎紧制度笼子，打造素质过硬队伍，永葆农村金融从业党员干部的先进性。

（四）润和金融，形象代言

邳州农商银行坚持将红色党建融于企业文化建设，以“润和金融”为核心，主动探索“党建”“文化”和“产业发展”之间相融合的途径和方法，以党建引领企业文化建设，促进企业更好、更快发展，更好地为邳州人民服务。

“润和金融”形象的全面升级也让邳州农商银行党建文化上升至新的品质。左右组合的 LOGO 结构，是“P”（邳州）的动态变形 +“R”（润）的形象寓意，象征了邳州普惠金融的和润之风；当中留白形似运河，与邳州千年以来的运河文化不谋而合。

邳州农商银行视觉及空间应用设计

为了给邳州党建文化创造现代化的代言人，邳州农商银行超级 IP“润宝”应运而生，一个以邳州农商银行 LOGO 色系为延展的聪明宝贝创造于世，它是红色党建文化的代言人，是阳光普惠形象的代言人，是智能便捷服务的代言人，更是幸福美好生活的代言人。

邳州农商银行吉祥物 IP 打造

红色党建文化以及“润和金融”的不断升级，为邳州带来了翻天覆地的进步。截至 2020 年 10 月，邳州农商银行各项贷款余额 186.34 亿元，服务“三农”客户 87071 户，其中涉农贷款余额 157.99 亿元，占比 84.79%，扶贫小额信贷余额 2.62 亿元，帮助

6539户建档立卡低收入农户开展增收项目；各类农业新型主体与合作社贷款以及村集体农业公司贷款余额4028万元，惠及农村新型经营主体861户，支持农村集中居住贷款及改善农民居住环境贷款2082户，共1.46亿元。金融服务“三农”的质效得到全面提升，为党建引领乡村振兴提供了有益探索和实践。

在诸多地方银行中，邳州农商银行的党建文化与“润和金融”，毫无疑问是浓墨重彩且极富特色的，其挖掘于自身红色基因的文化原动力，将其塑造成完整的文化体系，为邳州的“润和文化”描绘出与众不同的未来，也为邳州农商银行挖掘了无限的潜能，其所蕴含的金融能量，或将是无可估量的存在。

四、福州农商银行

——有福之州　幸福之行

（一）有福之州，幸福之行

福州作为福建省会，海峡西岸经济区中心城市，目前正全力打造新时代有福之州、幸福之城，加快建设现代化的国际城市。作为服务福州地方经济70年的本土银行，福州农商银行坚守战略定位，服务百姓民生，以实际行动回馈桑梓，助力地方经济发展。在改制成立十周年之际，福州农商银行联动艾加，正式开启企业文化升级工程，拉开了属于福州新时代、新征程的发展帷幕。

为有福之州，助幸福之行，艾加运用品牌金字塔工程为福州农商银行升级工程助力。2021 年 1 月 11 日，福州农商银行在总行大楼隆重召开企业文化工程启动大会。会上，福州农商银行正式启动了企业文化项目，并发布了吉祥物形象及“五福”系列产品。本次升级合作，意味着福州农商银行将站在新起点、迈向新征程。在“十四五”开局之年，建党 100 周年来临之际，福州农商银行也迎来了十周年改制。福州农商银行通过强化企业文化品牌建设，多措并举，努力探索质量、规模、效益相统一的可持续发展道路，打造新型普惠福银行。福州农商银行全体员工将团结一心、以一腔奋勇担当起时代赋予的使命；满怀信心，以一份定力专注支农支小主业；提振雄心，以一流服务打造市场竞争优势，投身于实现自身效益和社会效益双丰收，为助力地方经济发展切实履行应尽之责。

艾加发挥品牌金字塔工程三力模型之原动力思维，对福州农商银行文化品牌进行深入解读，并根据福州地方特色及福州农商银行的发展规划，结合福州农商银行“全家福银行”的品牌定位，与文化建设、业务发展相互融合，提出“福文化”的五个维度，致力于助推福州农商银行打造成为“有福之州的幸福之行”。

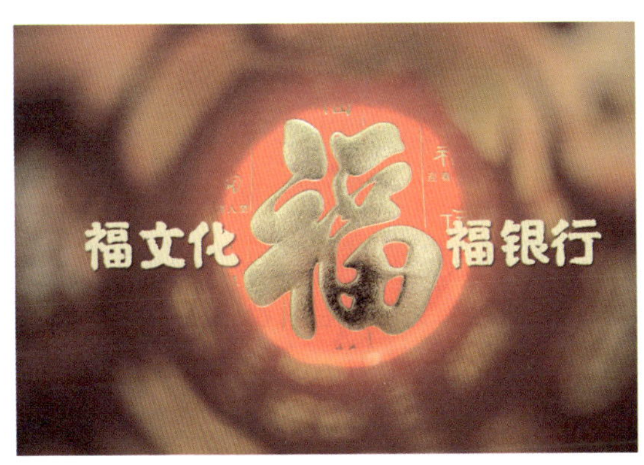

那么，艾加又是如何结合福州农商银行“全家福银行”的品牌定位，一步步探索得出福州农商银行“福文化”的维度方向，以及打造“有福之州的幸福之行”的宏伟目标呢？

（二）全家福，福天下，福未来

福州地处中国华东地区、福建东部、闽江下游及沿海地区，是中国东南沿海重要都市、首批对外开放的沿海开放城市、海洋经济发展示范区，海上丝绸之路门户以及中国（福建）自由贸易试验区组成部分，也是近代中国最早开放的五个通商口岸之一。福州是国家历史文化名城，最早在秦汉时期名为“冶”，而后因为境内一座福山而更名“福州”。因此，福州具有包容开放、有福同享的城市精神。

福州不仅经济有福，同时也极注重文化与传承，福州的学校教育始于西晋、初兴于唐，从北宋至南宋，福州教育进入全盛时代，官办的府学、县学普遍建立，私人讲学书院大量涌现，各乡里都有书社。自隋朝至清朝末期，共举行 502 次进士科考试，产生 502 个状元，其中 50 个是福建人，其中福州府十邑十个县之人（宋代初期到明代后期是十一个县，包括明代后期并回侯官县的怀安县）占了 22 个。科举资料记载，福州府十邑十个县“举进士者二千二百四十七人”，全国闻名。南宋学者吕祖谦的一首诗生动地描绘了当时福州文化教育的昌盛：“路逢十客九青衿，半是同胞旧弟兄，最忆市桥灯火静，巷南巷北读书声。”

福州又名榕城，源于福州植榕，古已成风。北宋时期，太守张伯玉倡导“编户植榕”，“满城绿荫，暑不张盖”，使福州有了“榕城”的美称。榕树四季常青、枝荣叶茂、雄伟挺拔、生机盎然，象征福州城市精神风貌。福州城区有古榕树近千株，其中福州国家森林公园内的一株千年古榕被誉为福州第一大榕，相传是北宋治平年间三位武官在此练武时种下的。

福州城内有于山、乌山、屏山“三山”鼎峙，闽江如绿带穿城而过。史载，五代梁开平二年闽王王审知扩建城池，将风景秀丽的于山、乌山、屏山圈入城内，形成福州“山在城中、城在山内”的独特风貌。“三山一水”成为榕城主要标志，故福州亦称“三山”。

福州盆地盛产柑橘，尤以橘子为最，且皮薄、色红、汁多、味甜，风味独特，称为“福橘”。福橘成熟期恰在岁末，福州风俗以“红”见好，且“橘”与“吉”音似，所以福橘成为民间吉祥物和贺年赠品。福橘主要产区分布在闽江两岸，成为福州当地的风俗特色。

福州农商银行是福州人自己的银行，无论是福州这座城，抑或是福州农商银行这家银行，都离不开一个“福”字的缘分。艾加抓住“福”的美好寓意和历史遗产，因此确定“福”就是福州农商银行传承至今的城市基因与文化基因。

我们相信，“福”寄托了人们对幸福生活的向往，也蕴含着迎祥纳福的美好心愿，一笔一画，从古至今，经久不衰。基于此，福州城与福州农商银行的相辅相成，可释为有福之州，幸福之行，紧紧围绕着福寿、福禄、福宁、福德、福乐而运，五福同享，福运高照。

“福者”，长寿也：活得长久，方才福寿绵长；

“福者”，富贵也：生活富足，而且地位尊贵；

“福者”，康宁也：身体健康，追求心灵安宁；

“福者”，好德也：生性仁善，为人宽厚宁静；

“福者”，善乐也：无病无忧，才是快乐恒久。

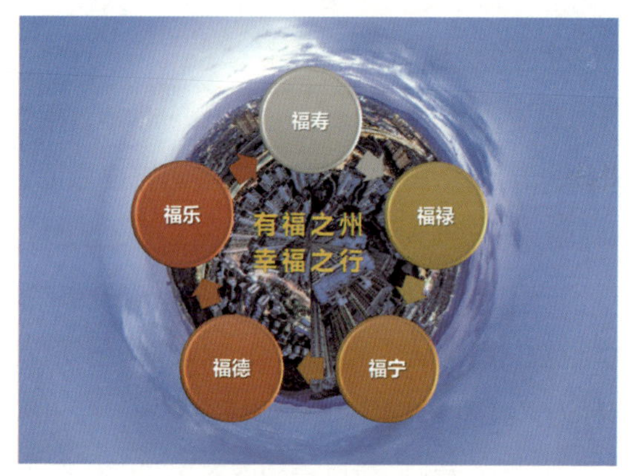

福州农商银行“福”基因解读

基于福州农商银行“全家福银行”的品牌定位，我们认为全家福银行将是一家有凝聚力的银行，是一家有亲和力的银行，更是一家有梦想力的银行。我们渴望国泰民安，福满中华；我们希望历史悠久，山河壮阔；我们盼望福泽古今，笑谈风云；我们深知唯有国运昌，方能福天下。正所谓全家福，就是要福天下，而福天下，就是福未来。

（三）凝聚能量，五福共创

福州农商银行举行了企业文化工程共识营，领导班子、各部室及支行负责人参加活动。艾加团队经过前期紧锣密鼓的调研与准备工作，为共识营准备了针对性的课程，并安排资深顾问师团队，与在场学员共同探讨“福文化”的精神内涵以及如何落地实施、如何与业务活动相结合等各类专项课题，授业解惑助其成长。通过此番共识营的顺利举办，我们发现福州农商银行群星璀璨，人才济济，每一个农商人都在发光发亮，积极提出富有建设性的方案。我们迈出了企业文化建设的坚实步伐，播下了企业文化生长的优质种子，全行上下秉承“真诚，简单，高效，和谐，共赢”的理念，凝聚“向上向善，勇担勇为”的共识，对福州农商银行全力打造全家福银行充满信心。

随着五福概念的推出和达成共识，福州农商银行的产品也随之创新，五福系列产品服务应运而生。

1. 福寿：福寿绵长，相伴成长。福州农商银行推出健康会诊、孝心存单、终生金融服务等网点体验服务，陪伴老百姓一生福寿延绵。

福寿系列服务产品，福州农商银行主打健康长寿的概念，把社区金融与居民健康紧密结合，形成全新的社区产品机制，优化既有的网点服务体验，将与福寿相伴的愿景传达给社区的老百姓。

2. 福禄：福禄双全，全家有福。为进一步培养银行员工，让其开心工作、快乐生活，全家福银行制订员工关怀计划，从老到幼全面覆盖。

福禄系列服务产品，是福州农商银行对内主打的员工福利，银行的运作离不开每一位银行员工的辛勤劳动，以及他们身后家人的关怀与支持。因此福州农商银行策划开展福禄双全、全家有福的员工关怀计划，提升员工体验和家人服务，增强员工战斗力、忠诚度以及团队的凝聚力。

3. 福宁：福寿康宁，尊享人生。福州农商银行通过系列活动与产品，建立积分体系，在生活中为百姓积累更多福气，打造老年人的福银行。

福宁系列服务产品，是福州农商银行针对老年人打造的福气服务，创造性地推出福气宁积分体系，善用了福气的概念与口彩，有利于融合老百姓与银行的距离，也强化了福州农商银行为民服务的精神和体现，致力于打造老年人的福银行，无疑将为福州农商银行的社会形象和品牌印记增光添彩。

4. 福德：福德于心，宽厚于行。举办一系列敬老、学雷锋等公益活动，向上且向善，事事以德明心，福州农商银行未来将继续与百姓共建美好福州。

福德系列公益活动和服务，体现了福州农商银行福德于心、宽厚于行的社会责任感，是福州农商银行扎根本土、服务百姓的良好体现，更是反映了福州城的城市基因与文化基因，人人有福，行行有德。

5. 福乐：福乐翻天，乐伴全年。计划启动“全家乐，乐翻天”活动，包含了 6S 标准化服务、月度服务之星、点赞大赛和最美农商人评选等，为每个家庭带来幸福快乐。

福乐系列服务产品升级计划，延续了艾加将服务品牌化的策略思维，通过标准化的服务升级和各类评选奖惩制度，助力福州农商银行服务水平与日俱增，在未来可以更好地为福州百姓送去温暖与笑声，让金融服务进入家家户户，让金融服务也充满温度与厚度。

（四）文化服务，全面导入

继“福文化”及“全家福银行”文化品牌形象成功打造之后，2021 年福州农商银行又在全行范围内启动企业文化服务力落地导入工作。通过文化理念宣贯、环境 6S 管理和服务礼仪培训及实战训练，实现员工精神面貌提升和服务环境规范化、服务形象品牌化与客户体验舒适化的目标，并以构建相应的固化管理机制、持续常态化管理，促进企业文化建设的长期巩固与提升。

文化服务力落地导入主要有三大内容。

1. 企业文化理念宣贯：以艾加顾问主导宣贯和文化特使内部宣贯相结合的形式推动“福文化”理念在全行的宣贯工作，确保员工对于“福文化”理念体系“入眼、入脑、入心、入行”。

2. 环境 6S 管理导入：在完成全行环境管理 6S 基本理念的解读基础上，结合示范部门、示范网点的空间环境成功打造，全面落实 6S 规范要求，实现办公与服务环境的规范化、舒适化和美观化。

3. 服务礼仪规范导入：以晨会、开门迎客、厅堂基础服务流程、仪容仪表规范为核心导入内容，全面构建网点的服务礼仪的培训，同时强化总行机关部门服务礼仪的训练与提升。

福州农商银行企业文化服务力启动会

在服务导入工程建设中，全行员工克服困难，全情投入，对培训内容及要求不折不扣地执行，真正做到“相信、听话、跟随、照做”，力争打造出焕然一新的营业和办公环境，展现出员工“向善向上，勇担勇为”的企业精神风貌。

总行机关金融科技部、运营管理部、普惠金融部先行示范，重点导入服务礼仪和“整理、整顿、清扫、清洁、素养、安全”6S管理，然后在整个机关铺开。

支行网点导入分为标杆示范网点导入和非示范网点推广两个阶段。在支行网点导入的过程中，五家标杆支行通过导入启动会，统一认识，做到分工明确，责任到人。以加强全员服务培训为抓手，做好厅堂服务，提升客户体验，用优质服务赢得口碑，口碑塑造品牌，助推业务发展。

全部导入工作完成后，艾加顾问师组成检查验收组，从组织管理、服务礼仪与环境6S管理三个维度对总行机关13个部门、4个中心及66个营业网点的导入情况进行了检查验收，现场抽考员工文化理念诵读、唱响行歌，以及现场检验服务礼仪形象等。随后，以文艺汇报演出的形式，展示导入后的员工精神面貌与服务环境的巨大变化。

福州农商银行企业文化服务力导入工程实施

以文化凝聚人心，以文化助力发展。经过福州农商银行文化服务的落地导入，全行员工文化理念宣贯效果良好，员工思想得到高度统一；服务规范得到了有力执行，员工精神面貌发生了巨大变化，客户满意度普遍评价较高；全行机关网点营业环境和办公环境发生了根本性的变化，实现了6S导入干净明亮整洁有序安全；全力推动全行各项业务的健康快速发展，截至2021年6月末，存款规模较年初提升了30.2亿元，为建设新型普惠福银行贡献力量。

（五）五福天下，超级IP

为了更好地传播品牌效应，福州农商银行打造了一套超级IP——“家家”与“福福”。毫无疑问，超级IP的核心基因根源来自福州农商银行“全家福银行”的品牌定位以及“五福文化”，“家家”与“福福”是快银行、暖银行、好银行的代言人，是新型零售银行的代言人，是幸福美好生活的代言人，更是全家福银行的代言人。

福州农商银行吉祥物设计

相当萌系的IP形象设计，让福州农商银行对外的形象更为亲和与亲民，也拉近了银行与目标受众群体之间的距离。其中“福福”采用了福娃的传统设计，在色彩与线条上的描绘更为红火可爱，“福福”的眼神中透出一种属于孩子般的天真、可爱和纯真，有着对美好世界的渴望与好奇，也有着灵气与机智，充满着只属于孩童的灵性的光辉；而“家家”则采用了可爱女生的设计，萌系的兜肚既暗合了传统的认知，也融入了孩子纯真的元素，一个调皮又可爱的女生，她每天都快快乐乐，心中没有丝毫烦恼，脸上挂着孩子般的笑容。

基于“家家”与“福福”的基础形象，定制了一整套系列表情包，设计了不同场景、不同表情、不同姿态的表情形象，将“家家”与“福福”的俏皮可爱、童趣天真惟妙惟肖地表达了出来，仿佛让两个卡通人物形象活了起来，这也有助于超级IP形象的传播，以及福州农商银行核心基因和文化理念的传达。

福州农商银行吉祥物 **IP** 设计应用

（六）网红网点，幸福体验

银行基因的落实需要与众不同的形式，福州农商银行计划选取代表性网点打造成独具特色的网红网点。而这个网红网点，正是最具当地历史文化特色的三坊七巷支行。

“三坊七巷”坐落于福州市中心城区（鼓楼区），是从南后街两旁从北至南依次排列的坊巷总称。“三坊”即衣锦坊、文儒坊、光禄坊；“七巷”即杨桥巷、郎官巷、塔巷、黄巷、安民巷、宫巷、吉庇巷。“三坊七巷”历史文化街区基本格局形成于唐代后叶，到明清时期特别是清代中叶发展到了鼎盛，坊坊相连、巷巷相通，粉墙黛瓦、布局严谨、房屋精致、匠艺奇巧，被誉为“明清古建筑博物馆”“中国城市里坊制度的活化石”。福州许多名人都出自“三坊七巷”或与之密切相关。

福州农商银行牢牢把握这个自成一派的文化网点，计划将其打造成颇具新中式文化典韵的特色网点，其装修古色古香，采用福州建筑风格，多进的庭院依中轴线排布，形成串联式的组织形式的前后厅，左右横厝。我们思虑良久，增加了休闲庭廊、表演舞台、三有书屋和明清客厅的设计。这四大模块可以从外立面到内部，与整个网点的功能空间进行融合：外部路过的人们可以在休闲庭廊休息、拍摄；内部等待办理业务的客户可以在明清客厅场景中参与剧本杀等互动游戏；书屋、舞台、客厅除了表演看书的基本功能外，都可以作为 cosplay 拍摄场景。这些新增的潮流功能，可以把特色网点的网红属性发挥得更为充分和极致。

内部明清风格客厅，可作为“家”文化的活动场地，生日宴，一碗生日面，永记父母恩；成人礼仪式；明清时期家庭待客体验，则强调了福建人十分注重的中华民族传承至今的“家”文化。

小型的舞台，能更好地传递福州当地的文化体验，福州评话、闽剧表演，虽是小型的演绎，却是最美的感受。作为戏剧爱好者的活动大本营，连接更多细分市场。

三有书屋，则能与客户分享一本好书；学生、青少年对明清时期的私塾体验，可以结合外部培训资源琴棋书画换装拍摄，教学体验。

对于这个极具个性和古典文化色彩的网红式网点，增添多姿多彩的小活动，为客户带去美好的幸福体验，让用户每一次到来都有惊喜，让他们每一次离开都恋恋不舍，这将为福州农商银行带来意想不到的收获与口碑。

五、甬城农商银行

——“阿拉”好银行

（一）根诚活家，基因传承

2021 年是中国共产党建党 100 周年，“十四五”计划开局之年，在这大发展的关键一年，宁波甬城农商银行（原宁波市市区农村信用合作联社）也迎来了自己的生日。作为服务宁波地方经济的排头兵，甬城农商银行渴望成为“百姓与民企最亲最近银行”，结合新晋改制的契机，联动艾加展开了品牌金字塔工程，为品牌升级拉开了隆重的序幕。

甬城农商银行作为浙江农信体系内的佼佼者，其改制上进的雄心从来不减。依据品牌金字塔工程的原动力工具模型，我们照例在前期落实了坚实的 360 度全面调研工作，在发现问题的基础之上，予以针对性的升级调整。

甬城农商银行虽然已经是服务宁波地方经济的排头兵，但仍旧有着相应的客观问题：银行改制前知名度不高，银行员工信心不足，业务展开受限，消费者对其品牌印象模糊，宁波人低调安逸的性格，不利于这个竞争激烈的市场，银行员工急需激发奋斗精神以适应改制后的潮流。经过深入洞察与研究，我们发现以上问题都是原来农村信用联社的历史遗留问题，完全可以通过改制翻牌、品牌升级来解决，结合改制激活动力、重焕新生。

那么，如何进行甬城农商银行的品牌升级呢？答案就是找出属于甬城农商银行的核心原动力，激活企业基因以及历史渊源的农信基因。

仔细研读浙江农信文化，其文化传承是浙江农信人长期发展过程中实践、积累、培育和升华而逐渐形成的文化沉淀，是几代农信人继承和发扬的优秀文化传统，得到浙江农信人普遍的认同。

回首过往，历经曲折，却生生不息，走出了一条与众不同的发展道路。浙江农信人始终坚守“浙江农信共同价值观”，并有着维系全系统命运的文化认同、共同理想和精神支柱，这便是以“根、诚、活、家”为基因的浙江农信文化。

毫无疑问，甬城农商银行的企业文化之基因，最核心的来源于浙江农信“根、诚、活、家”这四个字。

1. 根：回首过往，浙江农信的历史，就是一部扎根农村、生根发芽，最终枝繁叶茂的发展史，更是一部深耕农村、紧接地气、服务“三农”的发展史。

浙江农信人因农而生、以农为根。六十多年来，浙江农信人扎根农村、为农服务、与农共兴。从来没有离开过这片“生我养我”的土地，最偏远的山村都有浙江农信的网点默默驻守，每一次田间的收获都有农信人辛勤的耕耘；始终坚持服务“三农”和小微企业的市场定位，始终践行“只做小、不做大；只做实、不做虚；只做土、不做洋”的经营理念，面对质朴淳厚的乡土百姓，农信人不负信义，耐得住寂寞，面对层出不穷的机会挑战，农信人不忘根本。从广袤农村汲取无穷的养分，六十多年来，守土有责，守土尽职，经得住诱惑，胸有一份执着，时时砥砺前行，不断图强求进，历经风雨，春华秋实，成长为金融参天大树。

浙江农信人是朴实无华的金融草根。六十多年来，坚韧不拔、深扎广布、不离不弃。“走千家、访万户”“进村入企”，紧贴农村市场，倾听客户心声，了解客户需求，为客户提供最贴近实际需求的产品和服务；他们有着主动作为、不等不靠、低调朴实、百折不挠的“草根精神”，“早上一头露水、中午一身汗水、晚上一脚泥水”正是几代农信人艰苦创业、顽强拼搏的真实写照；惠民生、好灵活的“挎（背）包银行”精神正是几代农信人坚守阵地、主动服务的传统美德。

2. 诚：回首过往，浙江农信的发展凝结着诚实守信的执着信念，饱含着至真亲情的脉脉传承，浙江农信人取之以信，动之以情，诚待彼此，诚立天下。

浙江农信人取之以信。诚实守信是他们的金字招牌、立社之本。正因为诚实负责地取信于客户，才有了蓬勃发展的浙江农信事业，因信而立，始终倡导“信用创造价值”的理念，积极推进农村信用体系建设，以信而行，以信任凝结成牢不可破的精神纽带与信用生态。

浙江农信人动之以情。身为浙江“草根金融”的代表，珍视浙江的纯朴血脉，是浙江人民自家的银行。浙江农信人视客户为亲人，与客户相知相伴，以最真诚的态度、最亲切的笑容为客户提供细致周到、亲近贴心的服务，在服务中传递着温暖真挚的鱼水深情，使他们成为浙江人民最为亲密无间的金融伙伴。

3. 活：浙江农信人有着无穷的生命力和创造力，有着灵活、高效的体制优势，因地制宜、持续创新，总能抢先一步，站在革新的潮头。

浙江农信灵活高效。因小而灵，因活而快，注重快速的响应，提供高效的服务。体制优、活力现，“省县两级、统分结合”的经营管理体制成为浙江农信灵活高效的有力保证，既拥有了功能强大的后台服务支撑，又赋予了基层行社贴近市场、决策链短、灵活自主的经营活性。

浙江农信活力无限。尽管发展历程百转千回，但始终不气馁、不放弃；尽管外部环境变化无常，但一直不自闭、不妥协。置身广阔有为的浙江金融市场，坚持发扬普惠众生的品质内涵，坚持包容性金融的发展理念，求索、拓展惠及浙江民众的各个领域；浙江农信人坚持发扬自强不息的精神品格，始终将做强、做优作为事业发展的主线条，始终保有高涨的事业热情和光荣使命感，不断开拓事业，不断上下求索。做有生命力、有创造力的团队，因需而变、开拓创新。浙江农信人勇立改革转型的潮头，居安思危、敢为人先，始终是全国农信系统的排头兵。

4. 家：六十多年的风雨历程，浙江农信携手走过，友谊在合作中升温，情感在交流中升华。浙江农信是员工遮风挡雨的大家庭，也是行社抱团取暖的大系统，血脉相连、同根共生、携手奋进、共享辉煌。

浙江农信以人为本、互敬互爱。浙江农信是一个温暖和谐的大家庭，向来看重血脉亲情，用真情凝聚人心，以团队整体制胜，因为忠诚所以无怨归属，因为认同所以信仰坚定；相互尊重、彼此信任，团结友爱、共同成长，同是农信人，共爱一个家，大家在简洁、透明的人际关系与组织氛围中愉快工作、健康生活和为农信事业贡献的同时，追求个人的价值实现。

浙江农信人抱团取暖、积极分享。浙江农信是一个拥有共同品牌的大系统，省农信联社是各行社交流合作的坚实平台，各行社优势互补、团结互助，共御金融风险，同创整体优势；浙江农信正建立起一个和谐包容的金融环境，秉持“怀惠民之心、承社会之责、解民众之需、达和谐之生”的理念，坚持经济贡献、社会责任和自身发展的和谐统一，将改革发展成果与广大员工、股东、客户共享。

抓住了浙江农信“根、诚、活、家”的文化基因，落实发展到甬城农商银行，又将衍生成如何独特的甬城金融品牌呢？

（二）阿拉金融，甬心为宁

除了寻觅根源于浙江农信的基因传承，艾加又从宁波的地理、历史、人文，提取出属于宁波的地域专属的文化基因，以此为甬城农商银行品牌赋予突破上升的力量，打造涌动甬城的金融品牌。

所谓宁波地名的来源，是明朝皇帝朱元璋取“海定则波宁”之义，将明州府改称宁波府。因此自古以来这座沿海城市从命名就被寄予厚望，波宁之下蕴含着足以定海的巨大能量。这也造就了宁波人低调实干的性格，表面风平浪静，内心能量涌动。

宁波作为东方大港，有着甬江、姚江、奉化江，汇聚三江之口，江水与海水的灵气在甬城涌动，灌溉滋养着三江六岸的甬城人民。宁波城以甬为源，静水流深，激荡着浙东文化与海洋文化并生，宁定与奔涌共存，和谐与奋进同行。

作为传统历史名城，宁波又是人文荟萃、英雄辈出之地，可谓是书藏古今，港通天下。既有亚洲现存最古老的图书馆，又是海上丝绸之路的重要起点。有着一代代书香的浸润，沐浴一帆帆四海之汇通。宁波不仅蕴含着传统文化的儒雅，作为历史古老的港口城市，更是拥有海纳百川的气质、包容大气的能量、开放谦和的气度和积极进取的精神。

宁波的城市精神，其精髓又在于商儒一体。宁波城是院士之乡，现代文明的曙光，甬籍院士总数达118位，稳居全国各大城市之首，可谓人才知识之光；而宁波商帮又无宁不成市，宁波商人源于滨海，面临大洋的挑战，艰险的环境养成他们开阔的视野、坚强的意志和不断创新的精神，早年上海滩便有他们不绝如缕的身影。

于是江海名城、东方大港、商儒精神、书香文化融汇甬城，汇成了阿拉宁波，更造就了阿拉金融。

为何是阿拉金融？因为阿拉是宁波话的我们；阿拉是本土的，亲和的，流行的；阿拉是我们甬城农商银行；阿拉也是我们用心为阿拉服务；阿拉是你，阿拉是我；阿拉更是每一个热爱宁波，生活在宁波的我们，紧紧相拥的彼此。

在阿拉金融主品牌的基础上，创意设计了一对可爱的涌潮宝宝——“甬甬”和“宁宁”作为甬城农商银行的吉祥物，秉承用心为阿拉服务，致力于成为宁波市民的好伙伴。

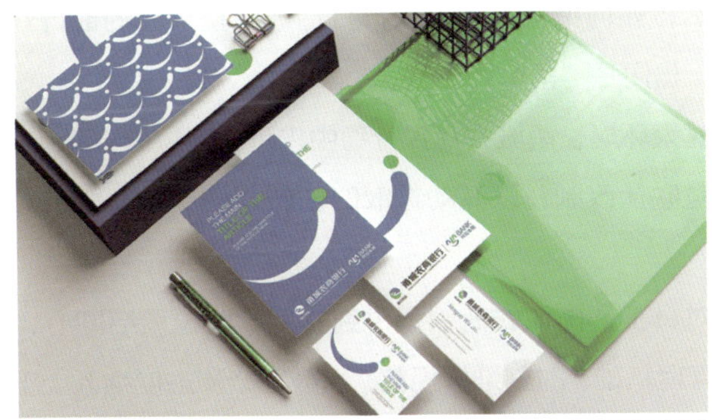

甬城农商银行品牌视觉设计应用

在阿拉金融的核心定位下，甬城农商银行志在打造放心的家银行，要做阿拉宁波的好银行。通过提高员工的归属感，注重客户的满足感，塑造社会品牌的认同感，为的是打造阿拉宁波做业务最实的银行，与民企最亲的银行，离百姓最近的银行。

那么，如何把甬城农商银行打造成阿拉自己的银行？答案在于用心，也便是“甬心为宁”。

面对大环境，甬城农商银行稳中求进，阿拉甬立潮头；

面对联社改制，以涌动进取的创新之心，带动全员面对未来大局；

面对员工，甬城农商银行讲究制度，阿拉甬结同心，坚持以制度为管理基础，时刻维护规范，以鼓励亲和态度维系上下团结，积极培育和创造人才；

面对客户，甬城农商银行以信誉为重，阿拉真诚甬心，以诚信为本，提供保质保量的最佳服务与帮助；

面对社会，甬城农商银行心系社会，阿拉甬担责任，将扶贫攻坚任务贯彻到底，为社会兴旺未来增添力量。

阿拉金融的品牌形象，寓意着甬城农商银行是一家用心服务宁波市民，属于阿拉宁波人自己的银行。“甬心为宁”脱胎于甬城的优良品质和精神，为所有在宁波生活奋斗的百姓而服务。

（三）甬信文化，亲近百姓

甬城农商银行的文化定位是根源于浙江农信文化基因而来的“甬信文化”，它源于甬城农商银行近七十年农信发展的优秀文化传承，将支撑甬城农商银行打造成为“普惠金融引领者，地方中小法人银行的范生，百姓与民企最亲最近银行”。

1. 甬城本土，信赖亲近。甬城农商银行是源自甬城的本土银行。一直以来，服务本土，专注本土，与当地百姓和民企最亲最近，也更懂客户，并致力于为当地百姓提供更高效、便捷的金融服务，积极赢得当地政府和百姓的信赖。

2. 甬心普惠，信义为民。甬城农商银行作为普惠金融的主力军，始终坚持以服务“三农”、小微和社区居民的普惠金融为己任，为宁波经济注入“金融活水”，与宁波同呼吸、共成长，普惠金融事业是始终不变的初心和使命。

3. 甬立潮头，信念坚定。甬城农商银行在面临发展机遇和风险挑战时，勇立改革转型的潮头，居安思危，敢为人先；坚定信念，树立信心，勇于突破创新，以奋斗者的姿态，开启新变革，开创新未来。

4. 甬为担当，信任共赢。甬城农商银行的团队凝聚力既需要成员有勇于作为、敢于担当的精神，也需要有相互信任、坦诚相待、彼此协作、共创共建的共赢理念。唯有如此，团队合力和效能才能得到充分发挥。

让每个人享有便捷金融服务是甬城农商银行坚定的使命，最核心之处便在于实践开展普惠金融。普惠金融的核心要义在于让每个人都能享有金融服务的权利。甬城农商银行在践行普惠金融的实践上，一直身体力行、先行一步。

一直以来，甬城农商银行努力通过创新和改善服务方式，让金融更普惠，让百姓更便利，切实践行普惠金融的社会价值，让每一个人都享有同等的金融服务，这是他们坚持的职责和使命。金融服务便捷之于甬城农商银行而言，就是要以客户为中心，想客户之所想，急客户之所急，快速响应客户需求，精准匹配个性化产品、服务和营销方式，加强金融数字化技术的应用，实现银行零售战略转型，为客户创造更简单、及时、高效的服务体验，让客户随时随地都能畅享定制化的优质金融服务。

一直以来，甬城农商银行勿忘初心，深耕本土，坚持人熟、地熟、情况熟，坚定姓农、姓小、姓土的市场定位，持续专注服务“三农”、社区居民、小微企业，以贴心便捷的服务特色打动客户，赢得客户与社会的亲近与信赖。

一直以来，成为“百姓与民企最亲最近银行”是甬城农商银行追求的目标。甬城农商银行始终致力于让金融更贴近百姓，更贴近生活；致力于以热情的服务态度、专业的服务水准、高效的服务效率，做“更亲近的银行，有温度的银行”。

甬城农商银行也将始终围绕“百姓与民企”这一客户群体，深入了解他们的真正需求，帮助他们解决资金困难，为他们提供更有温度、更亲近的金融服务，这也是甬城农商银行全体员工的共同理想追求。

（四）三大精神，甬心服务

甬城农商银行的服务精神同样发源于浙江农信精神，拥有着名为“三水精神”+“背包精神”+“六皮精神”的三大精神，而甬心服务是其服务精神最新的诠释与追求。

永恒的“三大精神”，是甬城农商银行在长期的经营管理实践工作中自觉形成、培育并总结提炼出来的三大意志品质、思想意识和行为风格；它具有强大引导力、感召力和凝聚力；是提升全体员工积极性、主动性的三大重要精神力量。涵盖了“早上一

头露水、中午一身汗水、晚上一脚泥水”的“三水精神”；“身背挎包、翻山越岭、走村入户、主动上门”的“背包精神”；“硬着头皮、厚着脸皮、磨破嘴皮、饿着肚皮、踏破脚皮、晒黑表皮”的“六皮精神”。

全新的“甬心为宁”的服务精神，推陈出新，其服务理念内涵实践了创新与传承。“甬心为宁”是甬城农商银行秉承创新的服务理念，是“客户第一”这一法宝在服务上的具体体现，同时还是工作中的一种思想方法。“甬心为宁”表达了甬城农商银行人始终不忘初心，立足宁波，深耕本土，为百姓和中小微企业提供便捷金融服务的理念。一直以来，甬城农商银行始终将支持地方经济发展作为自身发展的依托点和着力点，以工匠精神的用心，不断推进服务提升与创新，以满足客户不断变化的金融服务需求。它是一个不断追求的持续创新过程，也是服务好每个客户、努力为客户提供定制化服务和增强客户服务体验的过程。

在实践过程中，甬城农商银行人坚持服务于心，主动践行社会责任。社会慈善事业是甬城农商银行反哺本地社会的重要举措。充分发挥慈善基金平台效应，大力弘扬传统慈孝美德。自 2007 年以来，在区慈善总会设立 1200 万元银行冠名基金，连续 12 年按留本捐息形式，积极参与慈善救助，2019 年将慈善冠名基金额度增资至 2200 万元，成为江北区额度最高的冠名基金。其中 1000 万元为“江北区乡村消薄扶贫慈善基金”，为浙江首只消薄扶贫基金，每年投入 60 万元支持江北区薄弱村帮扶工作，帮助区内经济贫困村增强“造血”功能。辖内支行积极在所辖街道设立“外来务工人员帮困基金”“小额慈善冠名基金”等，每年定向为社区捐资助困。

甬城农商银行曾连续多年开展“慈善一日捐”活动，积极号召员工奉献爱心，共捐助款项近 20 万元。对口捐赠贵州册亨县 20 万元，用于学校基础设施建设，串起横跨 2000 公里的扶贫共建情。启动“银杏计划——宁波市江北区低收入农户幸福安老项目”，为低收入老年农户实施电路改造；与江北区医保局深化合作，将慈善基金用于解决江北区低保边缘户医疗保险费用；定向捐赠 6 万元，用于宁波市中城小学校外学生劳动基地实践教育活动；在台风等自然灾害发生后，第一时间启动灾后金融服务工作，竭力为受灾农户减轻负担。甬城农商银行以赤城之心彰显大爱，被授予红十字博爱功勋奖、社会帮扶爱心企业等荣誉。

甬城农商银行还曾组建百名志愿者服务大队，成立爱家“义工队”，广泛参与宁波市及辖区志愿者公益性活动，在凝聚企业“家”文化的同时，传导甬城农商银行公益品牌，打造多彩润泽的“名片”。当好金融知识的传播者，把金融知识普及活动常态化，与文教街道、鞍山村结对共建“金融知识宣传教育基地”，确保宣教工作有效组织实施，多次被人民银行金融消保局评为“金融知识普及月”活动先进单位；担起绿色公益的接力者，参与助力“为绿奔跑”“公益毅行”、粉色公益跑等活动，在用力奔跑的同时，传播环保、健康、积极向上的“正能量”；做深文化下乡的约“惠”者，连续四年开展百场公益电影下乡活动，为老百姓送去“露天时代”的文化“晚宴”；做好慈孝文化的践行者，组织辖内青年员工持续开展“农信慈孝敬老”公益项目，坚持弘扬慈孝之风。

2020 年新冠肺炎疫情期间，甬城农商银行积极助力当地企业复工复产，短短四个月内被《人民日报》头版头条两次报道，彰显了甬城农商银行的为民情怀。

人民日报
RENMIN RIBAO

就韩国发生新冠肺炎疫情
习近平向韩国总统文在寅致慰问电

就伊朗发生新冠肺炎疫情
习近平向伊朗总统鲁哈尼致慰问电

就意大利发生新冠肺炎疫情
习近平向意大利总统马塔雷拉致慰问电

就新冠肺炎疫情
习近平向欧洲理事会主席米歇尔和欧盟委员会主席冯德莱恩致慰问电

短期冲击不足惧
——疫情影响下的中国经济观察

坚决打赢湖北保卫战、武汉保卫战

统筹抓好改革发展稳定各项工作

黑龙江 精准稳妥推进复工复产

长沙 加快经济社会秩序恢复

2020 年 3 月 15 日《人民日报》头版《短期冲击不足惧——疫情影响下的中国经济观察》

人民日报
RENMIN RIBAO

走向我们的小康生活

让乡亲收获更多幸福感
——海南省三位村支书的行与思

保市场主体——
政策送温暖 企业增活力

连日奋战 合龙圩堤

抓实抓细防汛救灾各项措施

在防汛救灾中充分发挥基层党组织战斗堡垒作用和广大党员先锋模范作用

凝聚力量 齐心战疫
——各地新时代文明实践中心在疫情防控中发挥积极作用纪实

2020 年 7 月 19 日《人民日报》头版《保市场主体——政策送温暖企业增活力》

再次回顾张家港农商银行、青海农信、邳州农商银行、福州农商银行与甬城农商银行的定位原力觉醒的案例，我们为自己能够坚持既定的战略初衷而深感自豪，始终贯彻艾加品牌金字塔方法论，坚持以“原动力”为核心，从客户、地域、人文、生活与点滴中找寻我们所寻寻觅觅的基因，找到那个有时很远其实很近的企业定位，真正帮助这些客户完成“原力觉醒”的蜕变，犹如悟道一般茅塞顿开。

挖掘核心基因，确认企业定位，原本就像一场苦行的旅程，这一路有苦有泪，但也有收获和满足。只要掌握发现“原动力”的方法，未来你也可以找到那个一度沉睡的自我，无论是企业，抑或是每一个普普通通的人。

第四章 品牌金字塔之生产力

以发挥文化赋能，企业使命为引领

夯实地方银行企业文化建设

全面构建核心理念体系，实施落地

内化于心，外化于行

物化于境，固化于制

以人为本，以诚置诚

文化自信，催生动能

艾加认为，文化赋能为企业“生产力”提供了解决之道，“一核四化”是文化赋能中不可或缺的核心方法论，即核心理念 + 内化于心 + 外化于行 + 物化于境 + 固化于制。在随后分享的企业文化案例中，我们将显著感受到“一核四化”的结构性存在。

在诸多案例中，江苏江南农村商业银行（以下简称江南银行）、浙江民泰商业银行（以下简称民泰银行）、江苏淮安农村商业银行（以下简称淮安农商银行）、辽宁省农村信用社联合社（以下简称辽宁农信）、江苏苏州银行（以下简称苏州银行），企业文化建设都是非常具有代表性的案例。其中，辽宁农信与下辖 2 家行社——辽宁朝阳双塔农村信用合作联社（以下简称朝阳双塔联社）、辽宁沈阳农村商业银行（以下简称沈阳农商银行）的案例，是省联社与下辖行社构建企业文化体系化建设的典型。

一、江南银行

——彩虹工程　凝心聚力助转型

为江南银行打造的品牌金字塔工程，诞生了“彩虹服务”的经典，更以文化润江南，是早期糅入地域文化和象征的用心之作。品牌金字塔工程，在行为服务上进行了独特的品牌化深化，是江南银行案例的一大特色。江南银行的品牌建设引用了江南水乡之桥，雨过天晴之彩虹，皆是江南独有的文化之景，人水桥的企业基因即由此而来。

（一）企业基因：人水桥

在艾加早期案例中，我们就已坚持开始践行品牌金字塔战略的“原力觉醒”策略，并开拓了从调研到创新的务实思路。

通过资料研究、地域走访、同业调研、基层座谈和中高层访谈等多重举措，我们为江南银行总结了三种不同维度的基因交融，即区域优良基因的滋养、行业优良基因的融合、自身优良基因的传承。

结合适合企业发展、迎合员工心理、符合客户需求和契合社会主流的四大层面，江南银行企业原力是互为依赖、互相影响的，在整个品牌金字塔工程建设过程中，要力求实现这四个层面的无缝连接。

企业文化是基业长青的灵魂、是企业长盛不衰的根基、是推动企业永续发展的精神动力，因此企业文化的建设是一项系统工程。而企业文化的建设就是人本文化的建设，就是情感文化的经营，因此企业文化建设中要把人的情感要素放在第一位。

于是，在经过数轮中高层策略营会研讨、共识营会沟通后，江南银行着重依据以人为本作为第一要素的中心思想进行企业文化升级建设。在此基础上，将江南银行的核心基因进行具象化，糅合了金融、一诺千金等概念，提炼出虚实兼备的“金”的意义。对于江南银行的核心基因，银行人员认为至少有三大关键要素，即人的要素——以人为本；水的要素——以水养德；桥的要素——以桥立行。其中人是根本，水是基础，桥是核心。

“以人为本”，源于创造企业的是人，经营企业的是人，完善企业的也是人，企业服务的对象还是人。所以，企业即人，企业文化即人的文化，这也是江南银行构建企业文化的本质。

“以水养德”，则是因为江南从来离不开水，水为江南提供了丰富的文化源泉，江南人也开发了无穷的水文化矿藏。水的灵性和水的德行，早已渗透在江南人的精神世界中。

“以桥立行”的文化核心，同样离不开江南传统文化的传承。古人云：修桥渡人，行善积德。江南银行所作所为，即如古人善言的为他人架桥铺路，既成全了他人，也实现了自己的价值。“以桥立行”将贯穿于江南银行人的一切行为之中。

因此，江南银行重视人，在于相互沟通的思维；重视水，在于融会贯通的理念；重视桥，在于渡人联通的象征。

结合江南水乡纵横多桥的地域和特点，“人水桥”的核心基因呼之欲出，糅合了江南银行致力于打造仁者治行，打造隶属地域特色与行业特征鲜明、富于现代金融企业经营特色的企业内涵。

此后，江南银行推出了酝酿已久的差异化《企业文化纲领》，它的问世标志着江南银行的核心基因、精神文化、制度文化从后台走向前台。

（二）明星品牌：彩虹服务

为江南银行实践行为落地时，艾加采用了品牌化的思路进行设计与创造——以服务践行基因和文化，打造文化型服务品牌。

通过前期的调研访谈，我们就银行的中高层主管访谈，基层主管、员工代表座谈，网点明察暗访以及客户问卷调查多个维度、多种形式，深刻了解江南银行培训体系建设现状。我们发现当时的江南银行服务存在着诸多现实问题，缺乏系统的服务准则与规范。比较突出的问题有以下几个方面。

1. 培训不足导致银行员工知识和技能提高不快，无法起到增强银行核心生产力和凝聚力的作用。主要表现在管理知识不足，管理人员难以有效行使管理职能；员工的岗位技能稍差，其业务技能不高，专业度相比同行略弱；职前培训不系统，导致新员工适应岗位能力差，影响上岗效率；员工潜能开发不足，银行尚且不注重开发个人潜能，难以满足员工和中基层管理人员的个人发展需要；员工营销技能薄弱，导致市场开拓能力不强，对业务发展形成瓶颈；银行研发技能较差，研发投入和意识较低，从而令新产品开发能力弱。

2. 培训没有体系，缺乏培训需求分析和总结，不能满足现代化银行发展需要。整体培训缺少需求分析、缺乏有效规划、缺乏年度计划、缺乏灵活多样、缺乏评估总结、忽视员工发展。需要在认真分析需求的基础上，建立完善的培训体系，强化培训计划的制订和有效执行。

3. 员工培训未能与银行发展相结合。首先，缺乏长期的员工培训计划，急需明确和清晰的长期培训计划和方向；其次，专业和技能培训不能满足业务对人员的需要，因此急需积极补充专业知识、基本技能和职业发展规划；最后，员工在职培训毫无规划，管理层缺乏引导作用，重点体现在企业文化培训和新员工入职培训的层面之上。

如果缺乏服务规范和系统的服务培训，将会面临以下问题：

（1）照抄照搬他行标准，服务无特色，不能反映自己行的核心特色；

（2）企业内部培训缺少相关标准，不同培训人员的培训内容难以统一，达成培训目标出现困难；

（3）后期的服务巩固与监督缺少标准，直接影响服务水平考核的推进。

江南银行同样为此困扰着，服务水平的瓶颈限制了他们进一步的发展需求。

因此，当我们为江南银行搭建服务培训体系时，我们进行了培训之“道、法、术”的分层剖析。艾加把江南银行的培训体系

架构分为体系化 + 品牌化的构建，服务培训体系架构的战略目标在于融合江南银行文化的三大要素——以人为本的根本要素 + 以水养德的基础要素 + 以桥立行的核心要素。这是因为服务培训的核心在于人的培训，而人则由员工与客户组成；员工代表银行，客户代表社会，员工为客户服务，就代表银行为社会服务；员工与客户沟通的好坏，将直接影响银行在社会中的形象。也就是说，服务培训的核心逻辑是：培训体系的核心在于“人”——人的核心在于“沟通”——沟通的核心在于“共识”。这一切都与人、水、桥息息相关。

因此，为了打造文化型的服务品牌，我们运用了体系化的思维，即旨在打造自上而下分层次、多维度、互相联动、互相影响的服务品牌系统。我们认为银行为水、为桥梁，客户是阳光，银行以水托起服务的桥梁，滋养客户成长壮大；客户以信任和忠诚反哺银行，温暖光芒照耀水桥。大家一起携手，共同描绘七彩霓虹，共同成就银行与客户七彩绚丽的事业。因而提出了“彩虹服务、魅力江南”的服务品牌口号，确立了“彩虹服务”的服务品牌，我们希望通过品牌赋能行为服务的输出。

江南银行彩虹服务 icon 设计及服务手册

于是，我们先为江南银行定制了“彩虹服务手册”，并将品牌金字塔工程的模块植入彩虹服务工程。与此同时还塑造设计了与“彩虹服务”相匹配的吉祥物。七彩的吉祥物原型创意源于江南银行LOGO的上半部分：一座拱桥，这是江南银行企业文化——“金桥文化”的集中视觉演绎，同时也是江南银行“彩虹服务”的视觉承载。吉祥物根据其可爱多彩的视觉形象，命名为“彩虹宝宝”，寓意着成长和希望。拟人化可爱萌系的设计有利于转变银行严谨古板的对外印象，呈现出江南银行亲和生动、朝气蓬勃、活力四射、不断成长和积极进取的全新社会形象。“彩虹宝宝”主要以红色宝宝为基本造型，其胸前佩戴有七彩转轮，扭动转轮，吉祥物即可变换出其他六种颜色的形态，可以灵活运用于不同的场景和服务。红色宝宝寓意为热心服务，橙色宝宝代表了贴心服务，黄色宝宝象征了放心服务，绿色宝宝借喻了舒心服务，青色宝宝代表了专心服务，蓝色宝宝象征了耐心服务，紫色宝宝诠释了用心服务。

此后，我们又为江南银行设计和召开了名为“凝聚共识·协力同行”的彩虹服务共识营，通过营会的沟通与活动，促使江南银行上下对彩虹服务的打造达成共识和认可。在品牌化的培训课程打造上，用心为江南银行提供了分层级的培训管理，覆盖从新员工到高层之间各个不同的级别，针对每个级别不同的能力要求，设置相应的个性化培训课程；同时还提供分类别的专业服务培训管理，根据各职能部门要完成的工作需要，提供相应的专业技能培训，以此寻找培训的需求并设计相应的专业服务课程。

随后，江南银行着手开始了完整的讲师队伍建设，包括内部讲师和外部讲师资源、企业教练、辅导员队伍等。

其中，行为服务内训师的选拔工作尤为关键，重点打造名为“彩虹之星”的内训师队伍，一轮轮的竞争与激励为彩虹服务的建设和落地找到了最坚实的实践力量。

江南银行彩虹服务提升工程

经过艾加督导师一系列专业的选拔与教导，“彩虹之星”的内训师队伍逐步成长成熟。在督导师的带领下，内训师们对江南银行网点进行“彩虹服务”的规范落地，重点作业 6S 管理规范导入，其中 6S 管理主要包括五大对象：网点人员、环境、设备、物品、方法；重点完成物品定点定位的标准。

经过艾加督导师、“彩虹之星”内训师以及全行上下的共同努力，江南银行“彩虹服务”工程圆满完成，其服务标准随之上升一个台阶，完成了标准化的规范导入，初步形成了属于自己风格的服务标准。“彩虹服务”也由此成为艾加 BI 服务史上一段十分经典的品牌化历程。

为保障“彩虹服务”的顺利实施和“彩虹之星”队伍的稳定建设，我们还为“彩虹服务”培训制定了相应的保障体系，与此前的实施体系相结合，形成完整的培训体系。在保障体系设计中，我们强化了软件保障、硬件保障以及更为关键的组织保障。

江南银行“彩虹之星”培训

艾加为江南银行的服务体系特别设计了培训管理的流程、政策以及制度等，制定针对不同部门、不同岗位的绩效考核制度；同时把“彩虹工程”建设的绩效纳入考核体系，改变以前只重量而轻质的考核方式；定性与定量考核相结合，考核评定结果体现领导与员工两大层面的结合。这有利于增强员工工作的积极性与主动性，增加员工对银行的热爱度，减少人才的流失率。

与此同时，积极制定针对新老员工的不同层级的制度培训体系，与国内外知名的培训公司或专家建立利益同盟关系。把企业文化教育培训、岗位职业道德规范培训、岗位技能操作规范培训等内容纳入公司管理制度。如此系统规范的培训制度有助于银行目前的内部管理，有利于增强银行的凝聚力和生产力，有助于提升银行的经营业绩。通过制定科学合理的激励与约束机制，以及规范和完善银行培训制度体系，以此来实现“彩虹服务”的软件保障。

关于“彩虹服务”必要的硬件保障则是充分组织筹备了培训的设施、器具、培训管理的系统等，体现了良好的统筹能力和协调能力。

关键的组织保障则在于银行培训组织的结构设置，包括培训组织的层级、人员的配备、培训部门人员的职责以及对人员素质的要求等。拟定培训体系建设执行小组工作职能与工作范围，确定工作组组长、副组长、组员等核心成员，发布成立培训体系建设领导小组的通知，并召开相关动员会宣布小组成立（同领导小组），为的是科学合理设置小组成员，最大化发挥相关职能部门的作用，全面调动员工的积极性和主人翁精神；拟定培训体系建设督查小组工作职能与工作范围，确定工作组组长、副组长、组员等核心成员，发布成立培训体系建设领导小组的通知，并召开相关动员会宣布小组成立（同领导、执行小组）。这是为了确保工作保质保量按时完成，最大化提高工作效率，同时也为建设可持续发展的企业文化作准备。通过成立培训体系建设执行小组和搭建培训体系建设督查小组，“彩虹服务”的组织保障也就瓜熟蒂落，水到渠成。

通过系统化、组织化、结构化、制度化的服务培训系统构建，我们有效协助江南银行巩固了“彩虹服务”来之不易的成果，稳定了“彩虹之星”服务队伍的长期运营。

（三）形象传播与产品包装：富润融通

江南银行对外宣传的口号创意为“富润江南，融通九州”，立意高远且寓意深厚。成套的宣传物料，并打通以线下为主的传播渠道，包括高速公路广告牌、X 展架、易拉宝、公交站台广告、商业楼宇广告、中国结和开业庆典物料等。

同时，我们将宣传口号“富润江南，融通九州”，融入产品条线的包装，在产品梳理归类之后，依据富润融通四字，形成富有江南银行特色的产品系列，并自上而下梳理了完整的品牌体系，形成“富润江南，融通九州”的银行品牌，以“富”为个人业务（个人金融），以“润”为“三农”业务（“三农”金融），以“融”为企业业务（企业金融），以“通”为国际业务（国际金融）的四大产品品类品牌，至此形成了一整套江南银行金融产品包装方案，构建起江南银行产品体系，将其产品间的关系梳理成章，成就一个个自有品牌。

江南银行品牌架构体系

（四）活动推广：服务人心

江南银行的品牌推广，包括组织参与常州市区活动、组织江南银行文化主题大讲堂、参加常州市文明办组织的“道德讲堂”宣讲员骨干培训班、开展一系列市域级的文娱宣传。还组织了行员参与的文化类主题活动，包括但不限于中秋银企联谊会、首届职工运动会、主题演讲比赛、“竞秀江南”主题业务技能大赛等赛事；积极推进文化类活动，例如主题为“秀摄江南”桥风景摄影大赛、“翰墨丹青，江南情”员工书画大赛和各类书画摄影大赛等；除了以文会友，还组织了各项体育赛事，让江南银行员工通过运动来感受全新的品牌文化；在业务层面，同样进行了众多同业交流与营销推广，诸如举办银企对接座谈会、组织同业合作研讨会、邀请上市企业来行营销工作培训、与市供销社合作对接服务“三农”等。

经过一系列有节奏的文娱活动建设，江南银行也在当年荣获了众多企业文化建设的成果与奖项，被评为 2013 年中国金融机构金牌榜——年度最具创新力农商银行。至此，江南银行的企业品

牌和“彩虹服务”建设得到了业内的认可，为其后来的深化发展奠定了良好基础。

二、民泰银行

——传承浙商文化　打造精品银行

在文化赋能的道路上，民泰银行同样行走深远，创造了属于自己的文化之路，充分调动了文化生产力对于自身转型的积极作用。

如果说变革是时代向前的永动机，百合花将是新时代活力象征的最佳注脚。站在时代的风口潮头，民泰银行联合艾加，于 2018 年启动企业文化第二次升级，全面助推新一代“百合文化”的深化变革，以适应跨区域发展、多元文化交融、扶持中小微企业的新型经营需要。2019 年，民泰银行“百合文化”荣获第二届中国金融年度品牌案例大赛“企业文化年度案例奖”。

（一）“百合文化”，重拾激情燃烧的岁月

民泰银行历来高度重视企业文化建设，凭着敢为人先的浙商文化和台州人特有的“三气”（山的硬气、海的豪气、水的灵气）精神，勇于担当社会责任，专注服务小微企业和城乡居民，其服务与管理对标航空服务和酒店管理级别，讲究真心真诚、贴身贴心，逐步形成了特色鲜明的小微金融服务模式，帮扶一批批小微企业不断发展壮大。

2007年，民泰银行立足高远，积极推动与国内服务先进的航空公司合作，引进了深航罗盘管理模式，在对前二十年的企业文化精心提炼的基础上，融合了航空业先进的文化服务理念，第一次构建了较为完善的文化理念体系、管理制度体系、服务标准体系和形象识别体系。民泰人在共同的信念和思想引领下，肩负起“与中小企业同发展，与地方经济共繁荣”的责任使命，秉持“重信、笃行、求新、贵和、志远”的企业精神，抢抓机遇，突破创新，走出温岭，走向全国，把安全、便捷、实惠的金融服务送到了千家万户，成功实现了第一次腾飞。

经历过初代“罗盘文化”的指引与整合，民泰银行深切体会了系统化企业文化的力量。但近些年来，随着跨区域发展步伐的不断迈进，民泰银行出现了多元文化的交融和碰撞，无论是经营思路，还是治行理念，过去的罗盘管理模式（罗盘文化）都难以适应新组织、新形势、新发展的要求，急需构建新的文化理念体系来引领全行前进的方向，承载未来的战略重任。在传承中创新，在创新中升华。民泰银行在新时代发展关口，以行花——百合花的精神内涵作为文化主题，凝练出了“百合文化”核心理念。百

合花蕴含着严谨、包容、进取、活力等特性与品质，契合了民泰人的性格与追求，象征着民泰银行生机勃勃、基业长青。

升级后的“百合文化”核心理念是按照“传承历史、聚焦当下、引领未来”的原则，从领导力、战斗力、凝聚力三个方面进行调研诊断并精心提炼而成。在提炼过程中，专家组线上问卷和线下访谈近三千名员工，涉及高层、中层、基层各个岗位，收集各类信息上万条，完成近八万字的工作底稿和一万多字的调研报告，海量遴选了符合民泰银行文化特质的词条达三百多个，最后，将萃取的方案面向全行员工征集意见，在此基础上又作了进一步的修改完善，最终形成了民泰银行新的文化核心理念体系。

在二次升级中，我们以行花百合为主题的“百合文化”，恰是包容并蓄、生机勃勃的象征，相信这足以激活全行上下久违的激情燃烧的记忆，让“奋斗与创新”成为民泰银行新的名词。“百合文化”，继续发扬着敢为人先的浙商文化，重新激发台州人独有的“三气”精神，让传统精神在现代的舞台上高雅悠扬。

（二）掌握核心理念，做特色精品银行

自2013年11月中共十八届三中全会正式提出“发展普惠金融”

以来，政府将支持普惠金融上升到国家战略高度，这一时代精神也对地方银行提出了新的要求。

民泰银行对普惠金融进行深入解读，“扶持小微”和“助力‘三农’”两大方向跃然纸上，做精做细，作出区域特色，也作出跨区域联合，坚持与精品相辅相成，“支农支小”更要“进村入居”，差异化经营的思路使民泰银行显得与众不同，普惠金融与精品金融将成为民泰银行未来的战略基石。坚持“做中国最有价值的特色精品银行”的核心理念，势必会成为民泰银行在业界振聋发聩的呐喊。

在全新的文化核心理念中，以“用温暖的金融助推中国的小微企业繁荣”作为企业使命，主要体现了民泰银行的社会责任担当和社会价值作用。小微企业是经济社会发展的重要力量，是普惠金融的重点服务对象，而服务小微企业、践行普惠金融，是历史赋予民泰银行的责任和使命。

企业愿景“做中国最有价值的特色精品银行”，是民泰人一直向往和追求的理想目标，民泰银行专注服务小微企业、城乡居民的市场定位，用便捷周到的特色服务，为目标客户创造价值，打造品质精良的商业银行。核心价值观“重信、合规、融聚、精进、创新”是民泰银行企业文化的核心，是民泰人拥有的终极信念，是全体员工信奉的信条和共同遵守的行为准则。

“重信”是民泰银行立行之本，民泰人对客户诚信守约，对同事坦诚相待，对企业忠诚尽职，对社会担当奉献。

“合规”是银行的生命线，唯有合规经营，民泰银行才能让储户放心，才能赢得股东们的信赖，走向未来，也才能实现可持续发展，所以，民泰人要强化合规意识，完善内控体系，严守制度规范。

“融聚”体现新老民泰人“海纳百川，和而不同，共存共荣”的宽阔胸襟和“同心同德，同声同气，同舟共济”的团结意志。

“精进”是民泰银行追求的行为品质，积极向上，精益求精，奋发有为，摒弃粗放化、速度型的经营模式，走集约化、效益型的发展之路。

“创新”是企业进步的动力，是企业活力的源泉，民泰银行应紧跟时代、贴近市场、因势而变，在管理体制、经营模式、服务产品和信息科技等方面不断创新。

企业精神是企业精心培养而成的员工群体精神风貌，是企业的灵魂。民泰银行的企业精神“用激情点燃奋斗之火”，是新老民泰人在共同的信念与目标引领下，为从事和追求的“服务小微、助贫扶弱、践行普惠”伟大事业，呈现出的前赴后继、百折不挠、奋斗不息的意志与境界。而服务理念“善小而精，无微不至”和企业口号“新时代、新金融、新征程”是文化核心理念的运用，是民泰人践行核心价值观与企业精神的态度与方式。

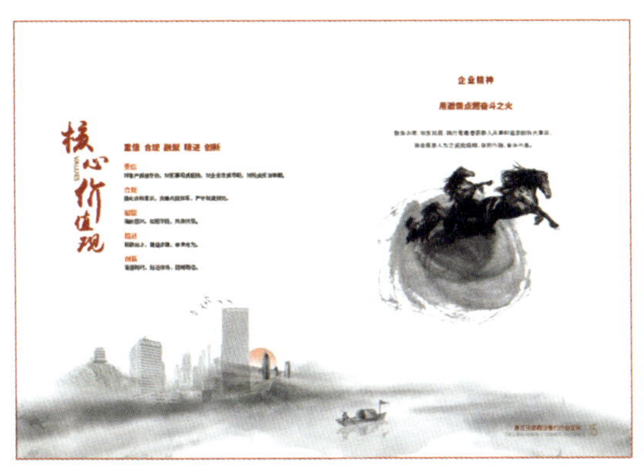

（三）坚持“四入行动”，实践“四化战略”

我们从小就被教育，说到就要做到。

但越简单的道理，做起来却越难。然而在民泰银行身上，我们能看见一股子拗劲儿。

为了将新一代“百合文化”真正深入人心，民泰银行提出并执行了“四入行动”——入眼、入脑、入心、入行。

民泰银行的“四入行动”，基本实践了艾加内化于心、外化于行、物化于境、固化于制的“四化战略”，效果显著。

【入脑——内化于心】建立了总分支行三级企业文化建设领导体系，由“一把手”负责、班子成员全部参与，又在总行设立了“百合服务”工作组，专抓“百合文化”落地工作，并积极组建了全行内训师队伍，动员全行力量，将企业文化在制度与执行上贯彻始终。

【入行——外化于行】积极导入“百合服务”品牌服务管理体系，品牌化的服务管理有利于强化员工培训与考核，不仅是员工精神面貌改善的保障，更体现出员工思想活跃、行为规范、工作主动、服务热情的特点；网点环境也显著改观，办公与营业场所窗明几净，用品用具归类定位、整齐划一、摆放有序，成为亮丽的“风景线”。

【入眼——物化于境】以“百合文化”为主基调，以“百合服务”为主理念，对银行进行了百合 VI 设计打造，全新的视觉体系令人耳目一新，空泛的文化概念有了形象生动的载体，让全行上下深切地感受到了“百合文化”与“百合服务”脉搏的跳动。

【入心——固化于制】经营管理也逐步得到了强化，“践行普惠金融”成为民泰银行全行上下的共识，摒弃粗放化规模、速度型发展模式，走集约化质量效益型发展之路，并全面启动了《高质量行动发展方案》，“百合服务”也由此成就制度固化。

MTB 浙江民泰商业银行 | 百合服务 BAIHE SERVICE

民泰银行“百合服务”培训

历经“百合文化”以及“百合服务”的“四入行动”与“四化战略”，民泰银行的品牌形象和服务水平可谓与日俱增。

（四）践行“百合服务”，成就优秀民泰

如何让企业文化落地，使员工对企业文化真正做到“入眼、入脑、入心、入行”？除了需要员工走出企业文化的认识误区外，还需要企业建立完善的制度体系，更需要员工把文化理念印在脑海、记在心间、落在行动上。

1. 完善制度保障体系。“百合服务”管理模式升级工作，围绕文化核心理念，立足文化及服务管理体制机制建设，从顶层设计出发，制定了《企业文化管理制度》《服务管理办法》《服务规范标准》，编制了《员工行为规范文件汇编》，构建了较为完整的文化及服务管理的制度保障体系，把企业文化及服务管理上升到民泰银行发展战略高度，解决了企业文化及服务管理“由谁抓、抓什么、怎么抓”等问题，明确了员工行为规范和服务规范的具体标准，从而保证了民泰银行企业文化及服务管理建设统一化、标准化、持续化发展。

2. 从我做起，从现在做起，从小事做起。践行企业文化，员工不仅要有追求理想事业的宏伟之志，更要有坚持脚踏实地的工作作风。当前，民泰银行最需要的是所有员工立即积极行动起来，以“我的民泰我代言”的担当，认真学习和严格遵守行为规范与服务规范，从提升服务和改善环境入手，踏踏实实做好每一件事情，认认真真做好每一项工作，贴身贴心做好每一次服务，真心真诚，光明磊落，用心塑造全新的自我，并把这种作风和精神用于业务发展以及其他各项工作中。

民泰银行“我的民泰我代言”上墙母版

3. 领导干部以身作则，率先垂范。古人说：“其身正，不令而行；其身不正，虽令不从”，是讲领导者必须身正行直，办事公道。员工对领导干部是听其言、观其行的。如果说一套做一套，员工是不会信任的，也会导致其他干部员工上行下效，带坏行风。所以，领导干部一定要带头遵守制度规范，正确使用权力，真心服务基层，勤勉尽职，清正廉洁，敢于开展批评与自我批评，主动接受员工的批评与监督，在思想、工作、学习和生活等方面时时处处做好员工的表率。唯有如此，企业文化才会在全行真正落地，才会凝结成推动企业发展的强大力量。

4. 坚决执行，不找借口。心学家王阳明说“破山中贼易，破心中贼难”。有的人沉溺于自己的“舒适地带”，我行我素，不思进取，自由散漫，缺乏修养，对于制度规范的执行或约束，总是找这样那样的借口打折或逃避。而践行企业文化，需要员工挑战自我、改变自我、突破自我，要敢于与自己的错误思想观念、不良行为习惯作坚决的斗争，自觉加强职业修养，严格遵守制度规范，对规范要求、服务标准、工作任务，坚决执行，不找借口，争做一名讲大局、讲团结、讲修养、讲服务、讲贡献的优秀民泰人。

“百合文化”正不断激发着员工的使命感、责任感，增强员工的归宿感和荣誉感。用“百合精神”重塑民泰银行的企业文化，既体现了文化的传承迭代，又彰显了文化的融合创新，符合民泰银行的理想和信念，能够凝聚民泰人不忘初心、砥砺奋进。

新老民泰人在纪律与创新的组织制度下，由领导层身体力行，带动员工精益求精，创造建设了“百合文化”，让其企业文化凝聚了人心，规范了行为，开启了属于民泰精品特色银行的新时代、新金融、新征程；在新的文化理念精神旗帜引领下，勇于担当，协同配合，团结一心，步调一致，奋勇前行，揭开了属于民泰人坚持服务小微、聚焦“三农”的新序幕。

如果说每一个民泰人都是一朵五颜六色的百合花，那么每一朵百合花都将绽放芬芳馥郁的明天，像极了奋斗后所见的风雨彩虹，也象征了民泰银行追求的百年精品。

毫无疑问，“百合文化”创造百年精品，“百合服务”成就优秀民泰，民泰银行为中小银行提供了独辟蹊径的发展思路，不求包罗万象，坚持特色与精品路线，同样与时俱进。

三、淮安农商银行

——把总理家乡银行建设好

（一）好文化，好基因

提起淮安，很多人的第一印象往往是“周总理的家乡”。周总理无私奉献、廉洁奉公的孺子牛精神，在淮安当地犹如运河之水、黄河之源，于无声细淌之中，影响着一代又一代淮安人。这样的文化精神，自然也融入了淮安农商银行的经营理念和企业文化的血液里，习近平总书记曾对淮安提出“建设好周总理家乡”的谆谆嘱咐，这也成了淮安农商银行不辱使命、奋力向前的精神信念，誓要“把淮安农商银行品牌打造好”。

融南汇北，水润淮安，也是对淮安风土最为真实的写照。坐落于古淮河与京杭大运河的交点，地处中国南北分界“秦岭—淮河”线上，“因运而兴、因运而盛”，运河之都的盛名由来已久。水文化的源远流长，让淮安的城市精神愈发兼收并蓄，包罗万象；水的柔情万种，也让淮安人民愈发善良与温和。

正是基于如是的文化积淀与城市信仰，当艾加与淮安农商银行牵线服务时，我们便立刻着眼于淮安本土内在的文化内核，希冀从内核中挖掘出属于淮安人的好文化、好基因，用使命引领，借文化赋能，激活淮安农商银行生产力的潜能。于是，“周到金融”应运而生。

淮安农商银行“周到金融”，一方面体现了愿为淮安百姓用心服务、真诚为民的经营理念与不忘初心，用“周致”之心助力乡村振兴，提供全方位的普惠金融解决方案，助力淮安人民生活品质的提升；用“到达”之情发挥科技对人文关怀的作用，让淮安百姓享受更便捷方便的金融服务，做到更精准更周到，在关键时刻迎难而上、迎刃而解。另一方面也是表达了向周总理为民鞠躬尽瘁精神的致敬与向往，当我们在淮安农商银行内部作文化调研时，很多员工会为自己是“来自于周总理家乡的农商行”而感到骄傲，这是一种深深的潜移默化的文化认同感。

周到金融 THOUGHTFUL FINANCE 家乡银行

淮安农商银行“周到金融·家乡银行”正式发布

作为支农支小的地方银行，淮安农商银行希望以传承出新的品牌形象、文化理念，以其实际行动，打造品效合一的高质量金融标杆。淮安农商银行党委班子更是高瞻远瞩，结合新时期淮安农商银行的内外部形势，基于“周到金融”的全新金融品牌，制定了“三年实现苏北苏中一流、全省农商行第一方阵”，五年内进入“全国农商行标杆序列”的规划目标。为了顺利完成既定目标，打造“周到金融·家乡银行”，淮安农商银行勠力同心，运用了“周到七字诀”和“八个一工程”共同打造，让淮安农商银行践行“新十年，心周到”！

（二）周到七字诀

“周到七字诀”，是淮安农商银行打造“周到金融”品牌的独门诀窍，周到七字诀可总结为“专、快、细、简、灵、暖、全”：“专”注专业、“快”捷便利、“细”心周致、“简”单高效、“灵”活创新、“暖”心温情、“全”力以赴。

淮安农商银行意在产品的专业、技术的便捷、服务的细心、效率的简洁、思维的灵活、人文的温暖以及真情的全力，由浅入深、

由理入情地打磨“周到金融”，从银行经营的方方面面去诠释“周到”二字。让客户体面地来，用周到的产品设计与细致的服务体验使其感受到宾至如归。

“周到七字诀”虽然看似简单，却在其中包含了全体淮安农商银行人长达十年的沉淀与思索，是淮安农商银行人敢闯敢试、敢为人先的精神凝练，也是他们坚持服务地方不动摇，不断优化金融供给，志在为淮安产业强市、乡村振兴，为淮安地方经济发展作出“周到”贡献的决心与信心。

“周到七字诀”的总结打磨，也是源于淮安农商银行人十年来的执着坚守和追求卓越，坚持支农支小不动摇的服务理念，传承弘扬新时代“背包精神”，旨在全面推进“大零售”转型，打造网格化服务“淮安样板”。淮安农商银行勇于担当，向客户及社会交上了优秀答卷：源于十年来的保持定力与勇于变革，坚持创新转型不动摇的战略方针，积极勇立潮头、锐意进取，打造“线上 + 线下 + 场景”的金融服务模式，实现了从“跟跑”到“并跑”再到“领跑”的跨越；源于十年来的知重抗重、志存高远，坚持高质量发展不动摇的经营模式，聚力优化组织架构，加强人才队伍培养，持续激发活力。“三年内实现苏北苏中一流、跃升全省农商行第一方阵，五年内成为全国标杆农商行”规划目标在全行干部员工苦干实干中渐行渐近。

“周到七字诀”的品牌传播，也是坚持与时俱进，通过超级IP“淮淮”“安安”对话客户，通过拟人化的品牌形象，拉近银行与人的距离，将品牌活化，努力践行了“1234 文化理念体系”金字塔，做好淮安家乡人首选的金融管家。

（三）打造“八个一工程”

为了进一步夯实淮安农商银行“周到金融·家乡银行”品牌基础，打造属于淮安人的品质银行，淮安农商银行展开了名为“八个一工程”的系统打造。艾加运用最新的品牌金字塔工具，为它完成了一次品牌行动、制定了一项服务标准、建立了一套运营体系、开发了一款管理工具、实践了一行一特打造、梳理了一批普惠产品、打造了一众效能网点、打磨了一支文管队伍，从品牌到服务，从运营到管理，从标杆到产品，从网点到队伍，全方位升级了淮安农商银行品牌效能与实战能力。

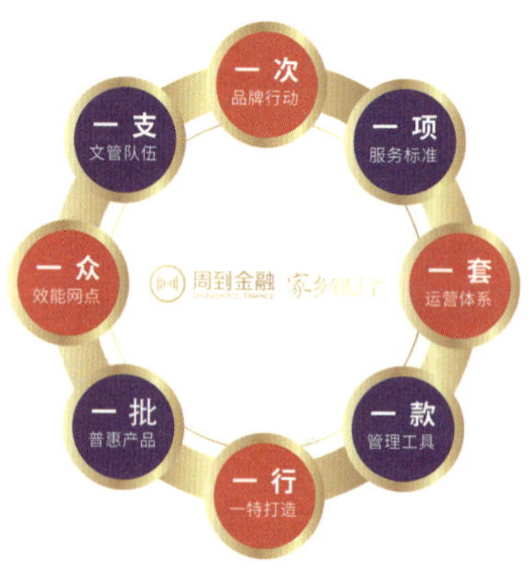

淮安农商银行“八个一工程”

1. 一次品牌行动。围绕“周到金融·家乡银行”这一核心定位制订年度品牌行动计划及传播主题，深入开展公关事件策划、产品整合营销、传播媒介运营等，为淮安乡村振兴战略实施提供“以金融服务为核心，以文化服务为延伸”的增值服务，如乡村文化品牌打造、美丽乡村建设空间设计、讲好乡村振兴故事等，助力淮安地方打造“特色小镇”“特色乡村”等，从而不断提升淮安农商银行文化品牌在淮安老百姓心目中的美誉度与影响力。

2. 一项服务标准。在淮安农商银行“周到金融·家乡银行”的文化品牌引领下，以“金融服务 + 社会责任 + 权益体系”的服务模式，将金融服务与便民惠民、社会责任、权益体系进行有效融合，创建一套独具特色的服务品牌与服务标准，把家乡银行“七字诀——专、快、细、简、灵、暖、全”落到实处，形成可操作的服务标准体系。

3. 一套运营体系。建立包含“客户力、转化力、推动力”三大维度的闭环式运营体系。“客户力”方面做好流量、存量、增量客户的开发与价值提升；“转化力”方面做好产品、服务、营销策略的制定与落实；“推动力”方面做到意愿到位、资源到位、逻辑到位、管控到位。着力构建三力运营体系运行的体制与机制，并赋予相应的制度、模型、工具、培训等配套措施。

4. 一款管理工具。为确保“周到金融·家乡银行”战略定位的实施落地，淮安农商银行依托科技手段，开发“文化品牌健康指数监测”“客户服务满意度跟踪”“服务环境巡检宝”“一行一特客群分析”等系列管理工具，为三年建设发展规划与相关工程实施提供有力保障。

5. 一行一特打造。按照“文化铸魂、科技赋能、突出特色”的原则，打造一批“周到金融”特色支行。主要根据所在地域的政治、经济、文化、生态、客群等资源特点，结合淮安农商银行自身优势，打造一批以红色、文化、生态、智慧等为主题的支行网点，创新周到服务特色做法，突出特色服务优势。

6. 一批普惠产品。以“致力普惠金融，建设美好家乡”为使命引领，从市场营销、风险管控、业务流程、信息技术、服务管理等维度着手，针对普惠金融重点服务对象和乡村振兴重点服务领域，定制化设计普惠金融服务产品，并形成产品系列，以满足“三农”小微不同服务需求，为淮安乡村振兴提供优质的金融服务。

7. 一众效能网点。根据以终为始的原则，以零售转型为方向，以提升效能为目标，通过团队文化管理、品牌传播造势、优势服务聚气、三量客户经营、线上线下联动、厅堂一体化、员工能力提升等相关措施，着力打造一批效能优良的示范网点，并将其经验做法在全行推广，从而推动淮安农商银行整体网点效能提升。

8. 一支文管队伍。通过分层宣贯培训、活动组织策划、定期评估甄选，打造一支具备文化管理、经营推动、组织协调关键职责的文化管理队伍，并形成文化特使、文化大使、文化代言梯队化管理，使其成为企业文化落地的主要抓手；同时制定相关管理制度和考核办法，拓宽员工成长发展渠道，鼓励员工勇于担当重任，确保企业文化管理工作持续有力。

（四）构建“党建行史”文化空间

为了进一步发挥优势，积极践行地方金融主力军的使命，凝聚人心，大力推进普惠金融，全力建设好家乡，服务好家乡百姓，牢牢夯实红色信念，坚持不忘初心，淮安农商银行特别精心打造了集“党建、行史、文化”为一体的党建行史馆，成就淮安农商银行文化、品牌落地和资产建设的集大成者。

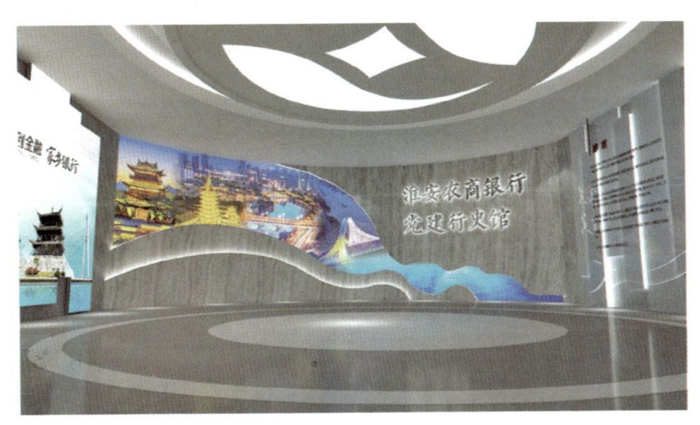

淮安农商银行党建行史馆内构建了“常淮党心”“依淮而生”“胸淮一城”“心淮未来”四大主题场景。甫一落地，便成为淮安承农信精神的红色高地，记录着城市与银行的血脉相通，也是银行薪火相传的教育阵地，更展示了淮安农商银行奔向未来的坚定信念。

走进这座极具现代化特色的党建行史馆，首先映入眼帘的便是党的风采与光耀，通过颇具新中式特色的廊厅，陈列着关于党的光辉事迹以及红色的历史丰碑，随之而来的是农信改革的历史沉淀，蓦然回首，淮安农商银行的来时路令人感慨万千。尔后馆风一转，极富现代化科技特色的展厅，让我们看到了淮安农商银行积极与时俱进，大力推动金融科技、数字化转型的风采，这里细数着淮安农商银行的网点分布、发展里程碑、产业科技水平等一众前沿特色，而最后则再次呈现了淮安农商银行“做家乡人首选的金融管家”的经营理念，贯彻“把总理的家乡建设好”的信念嘱托，不忘初心，饶是如此。

淮安农商银行党建行史馆实景

党建行史馆引导了淮安农商银行全员从百年党史、70年农信史、10年行史中汲取精神力量，也不断开创淮安农村金融事业新局面，助力家乡银行再创辉煌。

十年砥砺前行，十年奋斗辉煌，淮安农商银行站在新的历史起点，将继续坚守服务“三农”的初心使命，善谋善作善成，唯干唯实唯先，践行“新十年，心周到”，用心建设属于家乡人的周到金融，努力打造家乡人首选的金融管家，同心携手，用文化赋能经营，用经营效能提升生产力，共同开创淮安农商银行高质量跨越发展的美好明天。

四、辽宁农信

——构建母子文化　提升软实力

众所周知，辽宁是新中国现代工业文明的摇篮，为我国建成

独立完整的工业体系和国民经济体系作出了历史性贡献，无愧于“共和国长子”的美誉。具有“长子情怀”的辽宁人拥有为人大气、勇于担当、认真负责又无私奉献的精神气质。

扎根于辽沈这片沃土，得到辽河哺育的辽宁农信人，同样为新中国经济发展作出了卓越的贡献，在助推区域发展、聚焦“三农”、促进普惠金融事业等方面取得了不俗的成绩。在国家推动乡村振兴、东北振兴战略的新时期，辽宁农信导入企业文化核心工程恰逢其时，将进一步统一思想，凝聚力量；激励员工士气，促进组织共识；提升品牌知名度与信赖度，增加社会公众认同度，为辽宁农信创造积累更多无形资产。

基于这样的发展需求，辽宁农信与艾加在 2019 年 10 月展开了合作，正式启动核心文化塑造项目，开启了企业文化升级之路。

辽宁农信作为农村金融主力军，启动实施企业文化建设工作“责任重大、使命光荣”。在前期调研走访工作中，辽宁农信人充分展现了强大的工作责任感和担当奉献的赤子之心。企业文化工程顶层设计在省联社，落地关键在各农商行、农信社。其核心在于如何建立企业文化框架，如何发挥各地方的文化特色，如何将企业文化体系化落地建设。

对于这一系列问题，艾加依旧坚持“一核四化”的成熟方法论，企业文化的一以贯之，将有利于文化自上而下形成良性机制，从而使文化的影响力无处不在。

（一）核心基因：源—合—实—兴

根据辽宁地域文化以及辽宁农信自身经营文化特色与需求等

因素，艾加为辽宁农信确立了“攀登文化”的核心定位。在专业系统的调研与研讨中，我们发现“攀登文化”囊括了辽宁的海阔天空与农信风采，体现了辽宁农信的文化气质，寄托了辽宁农信人独有的壮志情怀。“攀登文化”是辽宁农信人内心深处高高飘扬的一面红旗，象征了他们实干奋斗的长子形象，也体现了辽宁的地域文化和人文精神。

【攀登文化】即攀登不止、永远向上，其文化的核心基因在于：“源”“合”“实”“兴”四个字。

1. 源是什么？所谓“源”，主要涵盖了辽宁省的三大源：生命之源、成长之源、希望之源。

【生命之源】回望六十多年前的难忘岁月，农民用点滴的积蓄孕育了辽宁农信的生命，用淳朴的信任浇灌了农信的幼苗，生命之源成就养育之恩，农信之路行得再远，终究难忘生命的起点！

【成长之源 】前进的道路是曲折的，辽宁农信的发展也不时风风雨雨，持续发展的地方经济给予了农信人源源不断的动力，党和国家在政策与资源方面的支持给予了农信人坚定的信心！

【希望之源】新时代，面对纷杂繁华的时势，辽宁农信人不忘来时路，坚持服务地方经济和实体经济，服务“三农”、小微和城乡居民，这是农信人面向未来的希望之源，是辽宁农信的成功之源！

2. 合指什么？所谓“合”，则指代了合作共生、和衷共济与合赢未来的美好愿景。

【合作共生】我们相信合作产生信任的力量，合作产生信用的力量，农信历史也是一部合作的历史：资金合作，资源合作，员工合作，合作百姓，合作企业，在合作中大家实现生存和发展。

【和衷共济】辽宁农信是六十多家行社的大本营、大家庭，全体行社齐心协力，互助协作，成就更大的农信力量；辽宁农信也是三万多名员工的家，大家心有所依，彼此温暖，共同为农信事业而感到自豪。

【合赢未来】辽宁农信的“合”体现在六十多家行社在一个大平台上运营，省联社为各法人行社提供完善的服务和有力的支撑，各法人行社积极执行、配合省联社的各项工作，上下一心，共同助力辽宁农信迈上更高的台阶。

3. 实在哪里？关于“实”，体现了辽宁农信人务实严谨、朴实诚信、严实合规的工作作风。

【务实严谨】辽宁农信相信，农信人的办公室在农民的田间地头，在居民的社区院落，在商户的厂房门面，在市民的线上金融生活中。扎实地深入客户、理解客户，务实地帮助百姓——这是农信的传统，更是农信人的基因。

【朴实诚信】半个世纪前，辽宁农信人用朴实无华的情感、真诚友善的热心赢得了百姓的认同和信赖；时至今日，农信人依然保留着这份质朴、这份情感、这份诚信；农信人和百姓市民彼此信任，和同事伙伴心心相印。

【严实合规】辽宁人心有猛虎且细嗅蔷薇，他们将每一条制度都落得实实在在，每一处漏洞都堵得严严实实；规则面前，严字当头；心中有制，脚步踏实；严以律己，做人实在。警惕每一项违规背后可能暗藏的风险，预防每一件小事背后所酝酿的危害。用严实合规守卫辽宁农信的生命线。

4. 兴往何处？所谓“兴”，表达了辽宁农信发展振兴、与民共兴、与国同兴的战略构想。

【发展振兴】自农信社的兴起至今，辽宁农信走过了一段段不平凡的岁月：进入农行管理，恢复独立经营，整治停顿，“行社分离”，规范合作制，辽宁省农村信用社联合社成立，部分下辖农信社改制为农商银行……几度变迁，几度风雨，却总又几次搏击，再次振兴。辽宁农信的发展之路是进化之路，更是振兴之路。

【与民共兴】这种“兴”是省联社的一种初心，从成立之初，农信人的使命就是让“三农”兴旺发展，让地方兴盛繁荣；这份使命一直伴随着农信人，新的时代，让百姓实现共同富裕、让乡村实现振兴繁荣依然是农信人努力的方向，与民共兴、与员工共兴、与合作伙伴共兴，已成为农信人深深的信念和基因。

【与国同兴】省联社相信新时代是全体中华儿女勠力同心、奋力实现中华民族伟大复兴的中国梦的时代，面对国家的繁华盛世，面对“共和国长子”的再次振兴，辽宁农信珍惜发展机遇、励精图治，在改革中寻求发展，在发展中不断改革，助力辽宁振兴，助力国家强大，助力中华民族伟大复兴。

（二）内化于心：攀登从心开始

一个优秀的攀登者，必然是坚持攀登信念的人，对于攀登有着入心的执念。内化于心，就是希望将“攀登文化”糅入所有辽宁农信人的心底、心头与心间。

关于文化内化于心的落地和巩固，也有其自成体系的方法论。我们通常在确立的文化基因基础上梳理文化理念体系，通过文化媒介进行传播，例如树立标杆人物、传播文化故事等，有方向有典型有实物，从思维到触感，让文化看得见。

1. 文化理念体系。基于辽宁农信当前的发展愿景与地域文化，蓬勃向上的文化力量是辽宁农信所急需的。辽宁农信人的文化从来都是一个充满奋斗的文化，是一个充满凝聚的文化，它是辽宁农信人的原动力。它让辽宁农信人对未来的方向更加明确和坚定，对未来的美好更加期待和向往，也让辽宁农信的团队更富活力和能量。

在此基因基础上提炼出的“攀登文化”理念体系，符合农信时代精神与农信发展方向。源于基因诞生的文化更能被辽宁农信上下接纳与认同，让省联社从领导到基层都能形成文化的共识，从而有助于企业文化的宣贯与入心。只有源于基因的文化才能有根，否则便是无源之水。

2. 文化媒介传播。通过丰富的文化媒介手段巩固企业文化的传播与入心，树立标杆人物，并通过文化内刊、微电影、情景剧和巡讲等多种宣传形式，对内激活员工创造力、荣誉感和参与感，对外树立企业良好形象。其中，树立标杆人物，挖掘优秀文化故事，倡导优秀文化精神，就是为身边人创造优质案例，让人看得见摸得着、容易模仿和推广，从而快速扩大企业文化传播的覆盖面。

除此之外，精致有序的企业文化手册也是对企业文化最好的凝练和解读，方便对内对外的宣传落地，让员工知道该做什么、该怎么做。提升企业文化质感的同时，企业文化也借着媒介快速传播。

辽宁农信企业文化传播画面

（三）外化于行：攀登从行做起

外化于行是让“攀登文化”从理念落到行为上的必然过程。说一千道一万不如做一件。那么，如何让全行上下理解文化理念并实践到位呢？这便需要外化于行的一系列活动来支撑，包括严格的宣贯学习和持续的互动体验。

通过外化于行的系统化执行，省联社让“攀登文化”在全联社内部形成了一种学习的风潮，强化了基层员工和各领导层对新文化的感知与感受，让“攀登文化”在联社内部有了属于自己的生命力。

1. 宣贯学习。在文化的宣贯学习中，艾加设计了包含立体培训、

种子计划和仪式规范等内容的课程。

从形式上来说，我们根据辽宁农信的人员结构，分门别类地提供定制化培训课程。对省联社顶层大脑，引入高层学习项目；对中层干部，则提供中层文化领导力培训项目；对基层员工，则旨在打造尖兵，提供营销等业务专题培训辅导课程；对文化散播的火种，则引入文化特使的专项提升课程。分层分人，一一对应，学习培训涵盖知识层面、技术层面到能力层面，形成学习网状的全面覆盖，保障文化理念宣贯到位。

2. 互动体验。首先，增强文化的仪式感。外在的仪式感是一种非常强的互动体验，让员工对企业文化有归属感。就像我们结婚需要结婚典礼，过年需要看春晚一样，有了仪式感才有认同感。通常的仪式规划包括新年开工仪式、晨会仪式、颁奖仪式、月会仪式、年会仪式和上下班问候仪式等。

其次，企业文化知识 PK 同样是不错的互动体验之一。随机抽取部分员工参与企业文化知识问答活动，有利于强化员工对于企业文化的认知；设立文化案例故事征集演讲巡演，在辽宁农信各文化特使的配合支持下，基于前期案例故事口述，全员撰写文化案例故事，重点结合文化理念撰写故事感悟，经过内部评选，选拔优秀作品参加总行案例故事演讲比赛，最后制作传播视频，同时进行优秀案例故事巡回演说，让联社上下对文化形成强烈的感知。

最后，引入跨界学习的概念，让跨界学习帮助干部员工跳出自身看问题，通过引导师的辅导，转化形成自己实用的解决方案，促进全联社员工获得更丰富实效的学习体验。

辽宁农信企业文化理念宣贯培训

（四）物化于境：攀登看得见

物化于境，就是要让“攀登文化”无处不在，让人日久生情。它通常包括视觉应用物品、办公环境、营业网点等方面，由内而外的物化传播，让企业文化的生长更为有力和迅速。

物化于境的工作，就在于将“攀登文化”让人看得见摸得着，在不断的视觉冲击中强化记忆，让文化习惯成为文化自然的过程。

1. 文化触点规划设计。古人云：“百闻不如一见”，视觉上的感受非常影响人对事物的理解。哥伦比亚大学的研究报告也证明，我们学习的感官来源有 85% 来自视觉；视觉神经对大脑的控制比听觉神经大 25 倍；拥有明确物化的文化，可以明快地点明文化主题，节省员工的理解成本，吸引员工注意力，从而加深印象。

文化触点为文化传播提供了最直接的基础。因此，我们为辽宁农信设计了一系列全套的文化产品，包括但不限于在办公大楼外墙设计文化标语、雕塑 / 园艺设计，营造浓烈的“攀登文化”氛围。我们在省联社主办公大楼设立极具存在感的背景墙，设计了企业文化专区，用企业文化元素装饰企业环境；在工作办公区域的过道装饰了文化专栏，整套办公用品采用了统一的VI应用体系，在所有办公室内部也都一一装裱了富有层次的文化墙，对整个工作环境进行了文化整合，员工抬头所见、伸手所用都有新文化元素的印记。

2. 办公空间文化。除了办公场景，企业文化的延展空间是极大的。这方面我们尽可以开放脑洞，尽情发挥设计语言的想象世界，例如对文化基因、核心价值观等形成一整套海报物料设计，对于不同场景下文化输出作设计匹配，在工作、体育、娱乐等空间文化中充分展示，从而形成丰富的文化物料应用。

3. 营业网点文化。银行一线网点的物料和VI设计，包括网点铭牌、提示系统、办公用品等一系列物料延展，统一协调的视觉体系有助于强化物理网点的设计感，对进出网点的员工、客户都形成强烈的视觉冲击，从而将宣贯的企业文化汇聚成长久的视觉记忆。

（五）固化于制：攀登稳得住

常言道："不以规矩，不能成方圆"，企业文化建设同样如此。好的文化运营一定需要通过机制来激励和巩固，如此方能长治久安。艾加为辽宁农信建立了完整的文化组织架构，同时加强制度保障，予以稳定文化建设的根基。

固化于制的核心便在于将"攀登文化"巩固常在，通过稳定和可预期的管理机制，激励和督促省联社上下共同努力，将"攀登文化"的长远建设工作高效率地坚持到底。

1. 文化组织架构。艾加的企业文化架构主要分为高层—中层—

文化特使的经典塔形结构，由省联社理事长 / 下辖行社董事长带队牵头，总体负责企业文化建设领导工作，对文化工作进行总体指导和把控，监督所有人员按部署开展工作，并考察取得的工作成效。

设立专门的文化主管部门予以督查管理，负责文化建设工作整体计划的拟订，主导实施与管理，监督文化建设工作效果，上下沟通协调，实施考评激励。

在中层以各网点领导层建立小队机制，基层文化特使也同样采用小队机制，推进落实及执行文化建设工作。

通过井然有序的企业文化架构，润滑了企业文化在省联社内部的有效运营，源于自上而下、上传下达，成于严密的组织推动。

2. 机制保障。与此同时，艾加也为辽宁农信制定了详尽的企业文化管理制度体系，包括但不限于服务管理办法、服务管理标准、员工行为制度汇编、文化管理制度题库和企业文化建设三年规划等。

在企业文化建设的考核机制上，艾加还为省联社设计了健全的机制体系，例如，文化建设考评机制、企业文化学习机制、文化特使竞聘管理机制、企业文化督导机制、企业文化建设福利机制、企业文化建设总结表彰等，建立健全了制度保障，让省联社在企业文化建设过程中能够有制可依，进一步有效推进了“攀登文化”的落地与升级。

（六）下辖行社落实：朝阳双塔联社，向阳而生

1. 文化的传承与创新。作为辽宁农信下辖单位，朝阳双塔联社在省联社升级推出“攀登文化”后，积极响应，并迅速落实在“攀

登文化”体系框架下的朝阳双塔联社文化品牌建设。

如何以“攀登文化”为整体框架，完成体系化与特色化的结合，是朝阳双塔联社与艾加共同的挑战。经过前期与朝阳双塔联社的充分沟通，艾加帮助其建立起独具朝阳双塔联社特色的文化定位“向阳而生”，不仅暗合了朝阳双塔的命名，同时双关了面向阳光、积极向上的精神，与“攀登文化”的精神主旨一脉相承，同时，明确了朝阳双塔联社文化落地工作，围绕“1552 工程”进行规划、实施。

朝阳双塔联社特色定位

朝阳双塔联社的文化落地遵循了五大原则。

（1）常态化，企业文化建设是一项持续化、常态化的工作，它不是一阵风，也不是权宜之计，它将伴随银行战略、管理等的发展需要而不断演绎、变化。

（2）机制化，企业文化建设必须依靠制度的保障，尤其是企业文化的测评、考评等制度，这样才能保障文化建设工作的可持续开展。

（3）一体化，企业文化建设必须与银行的经营、管理、服务等工作融为一体，相辅相成，共同服务于银行战略的发展，而不是单纯地为了文化而文化。

（4）全员化，企业文化建设需要银行全体员工的参与，高层的重视和引领、管理层的拥护和融汇、员工层的赞同和践行三者缺一不可，否则，企业文化建设将无法持续。

（5）迭代化，企业文化工作研究的核心是员工的思想、精神、情感，而在不同的发展阶段、不同的生活环境中，员工的意识会发生不同程度的变化，因此，企业文化工作也必须循序渐进、因时而变，而不是一成不变或千篇一律。

“1552 工程”具体是怎样的内容？它又是如何完美嵌入“攀登文化”体系框架的呢？

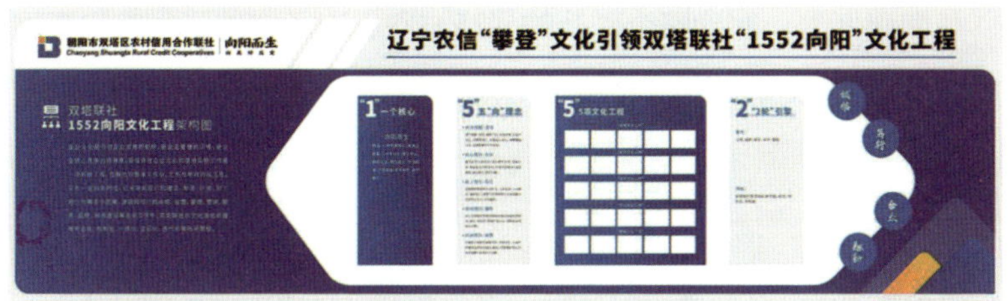

“1”，即一个核心。向阳而生：心中充满阳光，充满正能量，心中有目标，有事业心，积极向上，努力成长，不怕困难，不畏挑战，勇于攀登，勇于奋斗。“向阳而生”的内涵是所有文化落地方案规划和实施的指导思想。

“5”，即五“向”理念。在辽宁农信“攀登文化”的核心价值观中，提出了诚信、笃行、合众、融新四大观念，因此“向阳而生”系列的核心价值观同样与之一一对应：向光而栖——诚信；向上而生——笃行；向心而行——合众；向新而行——融新，并依据联社自身发展需要，添加了向善而为——普惠的全新理念。既坚持了“攀登文化”的理念架构，又衍生覆盖了朝阳双塔联社

的个性化需求，是体系与个性的有机结合。

向光而栖：倡导诚信、合规，遵规守纪，积极合规；对客户诚信，对同事诚信，对身边人诚信，共同营造合规、诚信的良好社会环境。

向心而行：倡导家文化的概念，鼓励岗位之间、部室之间、前后台之间的主动、积极沟通协作，相互帮助，凝心聚力，携手共赢。

向上而生：鼓励踏踏实实地开展工作、寻求发展；主动服务、营销客户；领导干部不断提升自我管理水平和综合能力，勇挑重担。

向新而行：基于朝阳双塔联社的基础和实际情况探索新的模式、做法、技能等；保持开放心态，摆脱固有思维方式等。

向善而为：明确整个联社的战略方向、市场定位，为客户开展灵活多样的贴心服务，积极维护联社对外的品牌形象和社会口碑。

朝阳双塔联社“五向理念”

“五向理念”是“向阳而生”文化核心的分解和细化，文化方案通过五个方面的实施促进员工在诚信合规、凝心聚力、扎实进取、创新思维、普惠大众等方面不断提升。

“5”，即5项工程。朝阳双塔联社以“五向理念”为依据分别设计企业文化建设方向，命名为企业文化五向工程，即围绕“向心而行”的“家园文化工程”，围绕“向光而栖”的“合规文化工程”，围绕“向上而生”的“服务文化工程”，围绕“向新而行”的“学习文化工程”，围绕“向善而为”的“营销文化工程”。

五向工程涵盖了朝阳双塔联社在团结、合规、服务、营销、创新学习五个维度的重要内容。它们之间既相对独立，可以由某个条线、部门单独组织开展，又相互影响、互相联动，可以几个条线、部门协同开展，综合发力。

五向工程的目的和意义分别如下：

家园文化工程：针对朝阳双塔联社员工凝聚力、集体荣誉感不够强的现象和问题，针对部门支行间合作不够融洽等问题，规划和构思家园文化的内容，通过文化建设，增强全体员工以社为家、以岗为责的集体荣誉感、浓厚责任感。

合规文化工程：针对朝阳双塔联社部分员工在合规认识方面还不够彻底，在执行的细节方面操作还不够到位等现象，设计合规文化建设，以此增强全体员工对合规的真正理解和支持，促进员工的自觉合规、主动合规。

服务文化工程：针对朝阳双塔联社部分员工主动服务意识还存在不足的现象，基于目前已经取得的服务成绩，通过标杆网点服务建设等措施，持续提升服务文化品牌等效果，激发员工主动服务、优质服务的持续提升。

营销文化工程：各个渠道、各种方式的营销工作是朝阳双塔联社工作的重中之重：外拓营销、厅堂营销、存量客户营销等。当前，朝阳双塔联社营销中依然存在一些问题，如知名度不高、人员数量紧张、产品待完善、营销能力不足等。通过营销文化建设助力营销绩效的达成是其文化建设的重要目标。

学习文化工程：朝阳双塔联社当前处于发展的重要关键时期，干部员工的管理能力、专业能力、学习能力、适应变化能力和革新能力等都是双塔联社能否重新振兴、再次崛起的重要支撑和基础，通过“学习文化工程”，让员工保持持续的学习意识和成长意识，从而助力朝阳双塔联社的稳健快速发展。

“2”，即“2 轮”引擎。朝阳双塔联社企业文化建设落地工作需要联社层面和网点层面的配合协作、共同驱动。最终形成联社发起、网点自主的“2 轮”引擎文化建设模式。

联社层面：统一引领、指导、考评整个联社的文化落地工作。部分文化落地工作由职能部门发起，围绕五向工程规划、设计一系列的文化方案。对网点文化落地工作进行考评。

网点层面：依据联社的要求和标准，各网点实施本网点的文化落地工作，可适当灵活采取适合自身特点的具体措施。

2. 小微业务“亿”军突起。朝阳双塔联社的小微贷款业务可谓“亿”军突起，仅一年时间，朝阳双塔联社就实现了小微贷款从 0 到亿的突破。用一支普惠金融的尖刀队伍、一套由点及面的营销体系、一个稳健透明的风控环境，促进了朝阳双塔联社的高质量发展。

前期通过一系列的精心研究和准备，朝阳双塔联社筹备建立了小微企业贷款服务中心，并引进了国内成熟专业小微信贷技术，逐步构建小微贷服务体制机制，努力克服疫情与经营环境弱化等困难，经过近一年的持续推进，截至 2021 年末，累计发放小微贷款 10,214.09 万元，实现了小微贷款从 0 到亿的突破。

朝阳双塔联社小微贷团队打造

首先，建立尖刀队伍生成人才之源。他们充分注重客户经理队伍的培养与建设，根据小微贷款业务特性进行独立化、针对性的人才招聘与培训，着力“师徒制”内部培训机制建设和帮扶分享型学习习惯及氛围的培育，强调对客户经理的日常管理与评估考核，坚守阳光信贷，弘扬向阳文化，确保客户经理具备胜任小微贷款服务工作的能力和素质，逐步打造出一支普惠金融专营尖刀队伍。在此基础之上，该中心全面向联社内部进行技术输出，同步培养各基层信用社客户经理，全面提升了整个联社客户经理队伍综合素质，为小微信贷业务的持续良性发展提供了有力的人才保障。

朝阳双塔联社小微贷团队主动营销

其次，推动全员营销夯实业务之基。朝阳双塔联社小贷中心牢牢坚守“主动营销”服务宗旨，采用“一品一策通商圈、高效宣讲通机关”的整体营销策略，大力开展全员营销。小贷中心主导对各基层信用社定期开展信贷产品宣讲及营销能力培训，全面提升全员营销落地效果，持续提高全员营销技能，并与各基层信用社形成营销合力，通过“走出去”切实打通各类渠道，成功对接乡村振兴局、农村农业局、劳动就业局等政府机构及朝阳市商贸流通商会等多个协会，并举办了多场政银企对接会，从正面树立了朝阳双塔联社信贷品牌形象，稳步推进实现营销区域全面覆盖的目标。同时小贷中心内部建立了客户营销台账，根据不同行业、不同特点制定阶段性营销策略，更大限度地满足不同客户需求，有效将优质金融服务送入千家万户。截至 2021 年末，小贷中心共计营销客户数突破 26000 余户，解决了许多小微企业的“燃眉之急”，为朝阳双塔联社小微贷业务发展奠定了坚实的基础。

最后，搭建风控管理确保稳健之旨。小贷中心按照风控要求不断完善条线贷款管理办法，优化信贷业务流程，并在部门内部施行审贷会机制，结合省联社相关信贷流程制度，建立双重风险防控业务流程，严格把控客户风险，建立起“中心内审—中台审查—

联社审批—后台复核”的贷款审批决策机制，构建了高效的监控且透明的风控环境，从而使普惠金融业务标准化、模块化，确保了在有效防控风险的基础上，贷款申请得到高效处理，服务效率大幅提高。贷后管理方面，建立了有效监控机制，结合客户经营周期及现金流情况，加强不定期贷后检查工作，完善了全联社信贷风控体系。目前，小贷中心贷款逾期率、不良率均为零，真正践行了朝阳双塔联社转型且稳健经营发展的宗旨。

借助小贷中心这一新部门及新思想、新技术，带动朝阳双塔联社其他部门营销“走出去”、服务高效化、作业标准化，使服务金融整体不断下沉，实现了社会效益与企业效益的同步提升。

（七）下辖行社落实：沈阳农商银行，Young Bank 好样的

沈阳作为国家历史文化名城，是清朝发祥地，两代帝王都，见证了近现代无数的辉煌与岁月。沈阳又贵为“共和国长子”的掌上明珠，有着百年工业文明铸就的底蕴与情怀，既有精工细作的品性，又兼具勇立潮头的天性，敢想敢为，豪迈无量。诞生于此的沈阳农商银行，自然继承了这座名城的底蕴与气度。

作为辽宁农信下辖最大的省会地方金融机构，沈阳农商银行成为贯彻辽宁农信“攀登文化”精神的桥头堡，在发展战略践行过程中，充分继承了辽宁农信文化内核的衣钵。

1. 定位阳光服务，做温暖银行，犹如旭日东升，温暖如初，常用信任和陪伴、用温暖和科技为沈阳客户提供贴心便捷的金融服务，与客户共担风雨，共享阳光。

2. 尽推普惠金融，做普惠银行，沈阳农商银行积极贯彻省联社普惠百姓的精神，惠泽万众，普惠四方，助力小微客户扬帆远航。

3. 坚持科技兴行，做科技银行，他们紧跟时代步伐，大力发展金融科技，推动数字赋能，将数字化转型作为沈阳农商银行着力打造的战略新方向。

4. 打造生态金融，做生态银行，沈阳农商银行积极引导经济主体注重自然生态平衡，引动绿色金融提升自身的高质量发展，意在开拓绿色金融创新之路，逐鹿辽沈大地的绿色变革与美好未来。

5. 扎根本土，做地方银行，做沈阳地方积极发展和社会安宁进步的“润滑剂”，做经济转型升级和人民美好生活的“连接器”，在沈阳经济的发展大潮中共同奔赴繁荣的未来。

为了将以上宏伟的发展蓝图融会贯通，沈阳农商银行逐步形成了“匠心、攀登、创新”的文化精神，推动了其金融品牌的全面升级。年轻的沈阳，活力的沈阳，责任的沈阳，让沈阳农商银行化身“Young Bank”。

“Young Bank”是将线上快、线下暖的服务相结合，诠释沈阳农商银行客户至上、服务为本的匠心内涵；是传承辽宁农信的内在基因，强化需要统一宣扬的精神，敢于挑战目标、攻坚克难，勇于突破自我、改革创新，善于团结合作、开放共赢，将攀登精神内化于心；是积极融入“数字沈阳”的建设，推动业务数字化转型，实现线上银行金融产品与企业融资需求的无缝对接，坚持以科技为引领，以创新为魂魄，积极在创新中发展，在转型中求变。以年轻、活力的姿态，推动沈阳农商银行的持续高质量发展。

“Young Bank”是赞扬、是担当、是互联、是责任、是年轻、是活力，以竖起大拇指为原型，诠释它“好样的”品牌内涵，简单易懂，言简意赅。选用“活力红”与“普惠黄”作为“Young Bank”的品牌 LOGO 主色调，展现了品牌活力与品牌底色，“好样的”企业文化品牌应运而生，“大拇哥”LOGO 开始深入人心。以全新文化品牌助推沈阳农商银行战略落地，这是一场传承与创新的共鸣，更是一次品牌塑造生产力的实践。

沈阳农商银行“YOUNG BANK”视觉延展

在 “十四五”规划及全省农信改革发展开启之际，沈阳农商银行将继续坚守“服务地方、‘三农’和小微”的金融本色，勇担“长子之责”，做“一家有担当的银行”。用“大拇哥”为辽宁点赞！

为沈阳点赞！为辽沈人民点赞！

"YOUNG BANK"，好样的！

辽宁农信的文化建设模式，是以省联社构建高屋建瓴的文化核心，下辖行社衍生运用、适当体现各自的独特与不同，这种模式的创新深化，以点带面，协调发展，全面发挥并扩大了系统化、特色化、差异化的文化生产力所带来的作用。

五、苏州银行

——新 CI 战略导入　“苏式”财富绽放

2010 年，坐落于江南名城的东吴农商银行迎来了改制翻牌为苏州银行的历史契机。对于苏州银行而言，他们经历了半年多的筹备，经中国银行业监督管理委员会批准，这是苏州地方金融发展史上一个重要的里程碑。全新成立后的苏州银行，从农商银行改制为城市商业银行，银行属性的改变、业务品质的提升，令苏州银行急需以全新的品牌名称和富有冲击力的视觉形象出现在公众面前。而如此艰巨的任务，专注于中国地方银行品牌升级的艾加自然责无旁贷。

与苏州银行的这次合作，时间非常紧张，同年 7 月签约，9 月即将翻牌，可谓时间紧任务重，艾加沿用品牌制胜的策略思路，重点打造了苏州银行的品牌服务文化，导入符合股份制银行水准的专业化 BI 服务培训，升级了苏州银行全新的 VI/SI 系统，为苏州银行的改制做好面子和里子的双重保障。

（一）品牌服务：美即是力量

艾加和苏州银行达成了一种共识：服务质量是银行品牌灵魂和精髓的重要载体。如果想要打造银行自身的服务文化品牌，那么最关键的就在于形成银行服务的独特性、可行性和持续性。

为此，艾加给苏州银行提供了整套的BI行为规范化培训服务，通过每一阶段有针对性的培训，在苏州银行全行范围内建立先进、一致的服务理念和行为标准，将优质服务打造成为苏州银行的一大品牌亮点。

作为文化学派的传承者，艾加相信理念影响行为，行为形成习惯，习惯将变自然，而自然就是美。结合苏州地区吴侬软语、人美水美的人文风貌，我们为苏州银行大胆喊出了“美即是力量”的品牌服务口号。

随后，我们为苏州银行引入和完成了“星火计划”BI工程。首先，我们以BI调研访谈为基础作业，率先实现服务理念沟通。其次，以服务文化高层培训为契机，开启星火之源，实现服务文化内塑。再次，以种子教官系列培训为重点，培育星星之火，建立服务规范；此后则以BI手册为成果，实现有章可循，巩固培训成效；紧接着鼓励“学以致用”和全员竞赛，意在将服务标准发扬光大，推广行为规范；时机成熟之际，大力打造星级标杆网点，初步实施服务落地，建设精品网点。最后，监督与升级星级网点，追求服务品质，并以标杆网点为榜样，在全行全面推广，巩固和提升服务质量，实现服务的真实升级。

通过“星火之源—文化理念提炼”—“星星之火—种子教官训练营”—“星火相传—网点服务固化提升”—“燎原之势—星级网点建设”四部曲的“星火计划”建设，苏州银行的 BI 服务水平与日俱增。

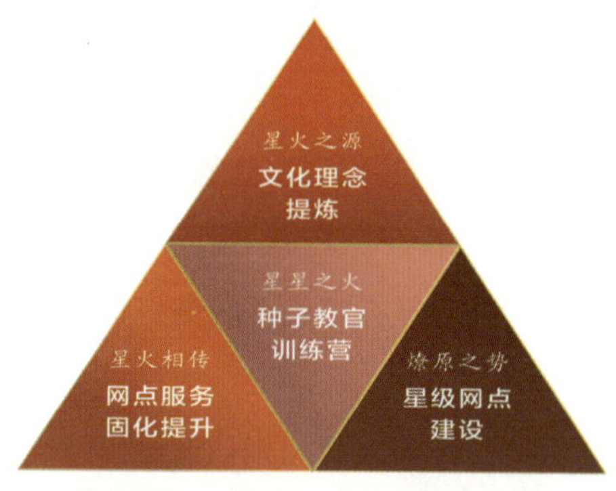

苏州银行“星火计划”建设四部曲

具体展开来说，在“星火计划”的初级阶段，我们进行了充分的 BI 调研访谈，形成 BI 访谈报告及建议：结合银行文化理念与发展远景，制定专属服务理念，致力于服务特色化、产品化；自上而下，洞悉全行服务意识现状，对各岗位进行访谈，助力后期针对性的培训；出具网点整体环境整改表，与实际情况相结合，细致地观察人员服务现状，给出相应的解决方案。通过一系列基础打磨，苏州银行服务理念的沟通工作落实到位，上下形成了理念、思想上的共识。

正式启动“星火计划”BI 服务启动工程时，我们首先开展了服务文化的高层培训，自上而下进行服务培训导入，顺应苏州银行的管理机制，提高服务升级效率。

其次把重点放在服务规范和标准的建立上，我们开展了 BI 种子教官选拔会，自上而下地推广服务，开展 BI 种子教官培训营。针对种子教官提供专业的服务特训课程，包括环境改善、大堂布局优化、6S 物品摆放、大堂经理专项服务培训，到晨会展示、微笑服务和标准化服务等一系列特训课程，从而促进了苏州银行全体员工对于 BI 培训工程的认识与认同。

苏州银行 BI 种子教官培训

通过一系列专业化的服务课程培训，我们为苏州银行选拔了优秀人才，将优秀员工培养成为银行的内训师和种子教官，为苏州银行快速高效地打造了一支服务种子教官队伍。种子教官是BI培训环节中一个极为重要的角色，他们不仅承担行为规范传播的工作，还是整个服务理念的推广者，充当着上情下达、下情上传的沟通桥梁，是不可或缺的角色。因此，这也为后续的全面服务升级埋下伏笔，可谓蓄势待发的阶段。

最后是延展和巩固阶段，通过种子教官发散，提升苏州银行各个网点的服务，并重点打造星级标杆网点，为网点服务提供可学习的榜样和模范。标杆网点的打造，极大改善了银行员工服务训练的心态，他们循序渐进地建立良好服务心态，提升训练效果。此外，我们还通过“网点服务如何全员落地”研讨营和“主动服务意识”专场授课，唤醒了员工的服务意识，效果显著提升，网点整体环境得到了改善提升，网点柜面物品的摆放以6S规范来管理，各支行之间也建立起网点环境长效保持机制，初步固化了服务升级效果。

苏州银行星级标杆网点打造

我们还为苏州银行制定了完整而专业的BI服务手册，通过标准化的服务手册让员工和领导都能有章可循、有制可遵，从而进一步强化了苏州BI服务升级的巩固和保障。

（二）品牌形象：绿色财富，汇聚苏州

身在千年历史名城，又承袭数十年行史，苏州银行站在了全新的起点上，对塑造全新品牌形象提出了更高的要求，全新的品牌形象既要传承苏州银行固有的优秀文化，又要符合苏州银行现有的发展定位，同时也要能承载苏州银行未来的高远目标。

艾加深知身负着苏州银行的历史重任，全力用心为苏州银行打造全方位的品牌新形象。新设计的标志形合神聚，造型稳健，力求将苏州银行“知行合一”的时代使命凸显而出，展现出苏州银行致力于以诚行、以和胜、携手客户共同发展的时代理念和“一经承诺，百年相随”的品牌语言。

据此，艾加为苏州银行设计制作了 VI 设计基础部分与应用部分，以及 SI 空间规划的标准手册，为苏州银行严格统一视觉系统、建立标准与规范奠定基础，另外，结合全新的视觉形象，为苏州银行设计了全新的网站风格，改版后的银行网站已于开业当天同步上线。

从整体而言，苏州银行全新的 LOGO，标志形似四座拱桥，这是对于江南地域特有的“桥”文化的体现，江南水流纵横，各类古桥阡陌，历史渊远。此处四桥相连，合力构建了一个密切关联的统一整体，传达了苏州银行致力于以互融互通、共创共享的经营之道，以及打造稳健安全的尖端地方银行的寓意和内涵。

在标志的色彩运用上，采用了以富有生机和健康活力的绿色系为主色调，鲜明地展现了苏州银行根植于苏州的江南春色，春满乾坤而润物无声，将无限财富与盎然生机助力人们和社会创造全新生活的美好愿望。同时在 LOGO 中引入内边缘为蓝、绿相间，

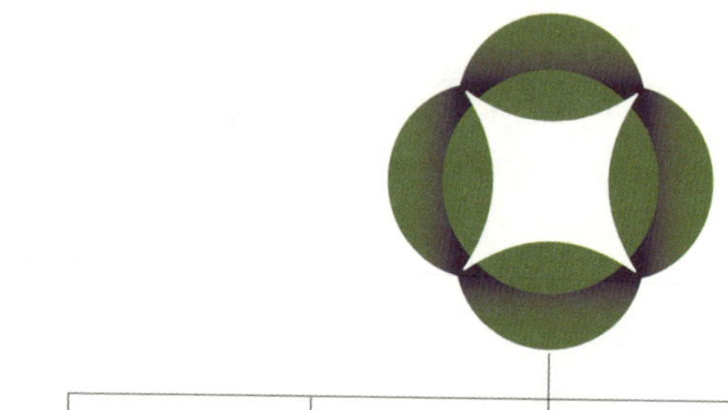

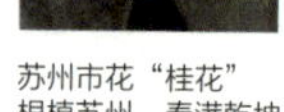

苏州市花“桂花”
根植苏州，春满乾坤

方圆融通，财富之星，
古今通宝，丰裕之光

绿色财富　科技未来

苏州印象“桥”文化
互融互通，共创共享

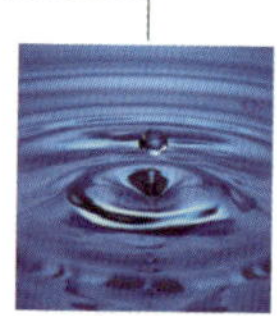

生机无限　财富无穷

苏州银行标志创意来源

两色交融渐变，寓意苏州银行和谐发展、共生共荣的发展观以及未来无限成长的价值取向。

苏州银行新标志形象地呈现了“财富之星”的意象，苍穹辽阔，星耀中天，象征了凝聚四方财富之灵韵，闪烁着九州丰裕之光明。

在造型设计上，新标志方圆融通，如同中国古钱币“古今通宝”之状：中空如窗，自内向外无尽延展，代表着银行无限拓展发达的国际视域，以及不断积极探索的创富之道，既凝结了传承古老东方之睿智、诚信的理财之智慧，又蕴含了现代银行业开放、自由和包容的前沿理念，代表了苏州银行不断寻求突破和创新，力求建设成现代化、国际化商业银行的雄心壮志，与苏州这座融合千年底蕴与现代未来的城市同向而行。

苏州银行标志应用

苏州银行的新标志其整体形合神聚，造型稳健如钟，将苏州银行“知行合一”的理念予以充分的表达，更加突出了苏州银行以稳建行、以财富行的经营战略，体现了苏州银行决策层高瞻远瞩、脚踏实地的作风。

在 VI 基础系统中，我们为苏州银行确立了以绿色系为核心的标准色，将苏州银行的传播色系予以确定。又进行了辅助色、标准字体延展、英文标准字、标准字体组合和辅助图形等一系列专业的设计与打磨，为苏州银行输出了一整套完整的 VI 基础系统。

在此基础上，我们对苏州银行的 VI 应用系统进行了完整、专业的系统性设计。首先是业务用品类，对于新 VI 如何应用于银行卡面，我们提供了数套解决方案，在设计层面进行了非常专业的头脑风暴与设计创意，因为银行卡面的曝光量极大，这将间接影响客户对于苏州银行新形象的认知，对苏州银行的品牌影响深远，我们必须予以高度的重视。

此外，我们还将 LOGO 和标准字的组合设计应用于一系列业务类用品和事务类用品，统一延展、统一规格，提升苏州银行对外的专业和系统形象。

（三）品牌空间：时尚稳健，兼具功能

对于苏州银行 SI 营业空间设计，艾加十分注重银行网点设计的两个重要功能：一是凸显银行的经营理念；二是塑造银行自身的品牌形象。所以，银行营业厅的空间识别规划理所当然成为银行新形象塑造工程的重要组成部分。

如何将银行的标准色、标识与空间视觉美感融入银行营业厅环境设计，并传达银行特有的视觉形象，从而形成银行自身的风格，这是我们在打造苏州银行 SI 空间规划时首要考虑的问题。正如每个企业都应有鲜明的个性色彩一样，银行营业厅环境必须集中表现银行自身的个性色彩，只有这样，银行才能形成差异化的竞争优势。

苏州银行的营业厅环境设计延续企业自身的稳重、时尚、大气的品牌气质，整体显示明快、简约、国际、现代的格调，对外视觉效果上突出鲜明个性，展现苏州银行的超前发展脚步与高度精准的自我定位，以白色为主色调的室内空间遵照专业标准规划，让员工与客户感受到舒畅、精神。

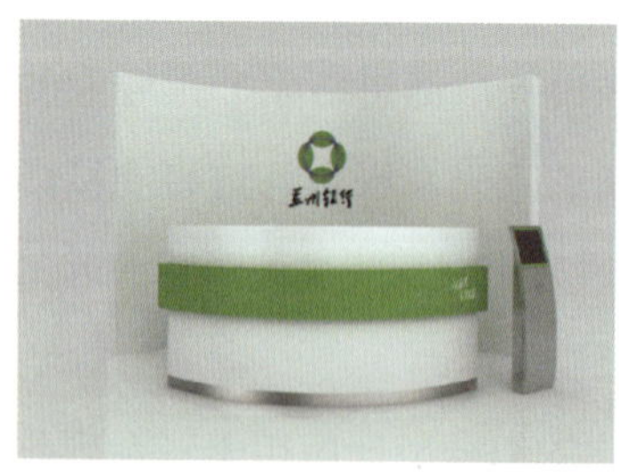

苏州银行 SI 空间设计效果图

明快、简约、现代、国际化的空间环境将苏州银行的亲切、

体贴、专业、可靠一一予以展现，流畅的线条设计与精细的格局划分展现了苏州银行真诚、稳健、效率的核心价值观，每一处细节之间的精巧关联都是为客户最贴心的考虑。精确、精致的色彩运用，既恰到好处地传达美感，又具备了细致的功能性，是银行高效服务的有力保障。

我们相信网点营业厅环境规划承载了苏州银行的品牌个性与文化内涵，是苏州银行稳健前行、创造价值的坚实基地。

自此，苏州银行的整体形象和服务水平都得到了质的提升，对内对外都焕然一新，与其地方性股份制商业银行的定位相辅相成，促成了苏州银行专业化和品质化的品牌形象。改制近十年即成功在A股上市，实现资产、规模、业绩连续翻番增长的骄人成绩，实现“苏式”财富绽放。

以上便是关于艾加品牌金字塔文化赋能之“生产力”的案例分享。通过江南银行、民泰银行、淮安农商银行、辽宁农信及下辖沈阳农商银行与朝阳双塔联社、苏州银行的案例剖析，对不同阶段、不同情况的案例进行公开解读，我们可以清晰地解读出文化工程建构的思路：“一核四化”。“一核四化”是艾加品牌金字塔文化赋能的核心模式，也可以根据每家行社的具体文化情况和需求进行衍生变化，从而因势利导、因地制宜，文化始终保有十足的生产力。这也正是品牌金字塔文化赋能的灵活变通之处。

第五章 品牌金字塔之影响力

以打造品牌制胜，牢记聚焦突破为抓手

凝聚银行品牌印记的极致策略

构建头部形象，打造超级品牌

以客为先，解决痛点

饱和传播，抢占心智

单点迸发，以点带面

一以贯之，强化活力

品牌金字塔模型的品牌制胜是地方银行取得市场“影响力”的核心，也是解决“品牌僵化”的神奇利器。在品牌制胜的案例中，我们精选了与平安银行平安金、湖北银行、浙江安吉农村商业银行（以下简称安吉农商银行）、天津农村商业银行（以下简称天津农商银行）、江苏昆山农村商业银行（以下简称昆山农商银行）的合作历程予以分享，分别在品牌定位、创意亮相、声量传播与营销策划等方面各有侧重并突出特色，是银行提升品牌影响力案例中的典范之作。

一、平安银行

——“平安金”产品口碑　营销业绩双丰收

平安金是由平安银行打造的贵金属品牌，从 2014 年品牌塑造到 2015 年全面整合传播，完成了从 0 到 1 的品牌质变。艾加为其提供了完整的年度整合营销计划服务。

（一）平安金品牌建设与内涵挖掘

当我们第一次接触平安金品牌时，便开始思考和挖掘其渴望表达的品牌内涵。因为我们认为品牌建设就是要创造品牌基调，找出品牌与消费群体沟通的关键点。对于平安金的品牌建设，我们共设计了六大步骤。

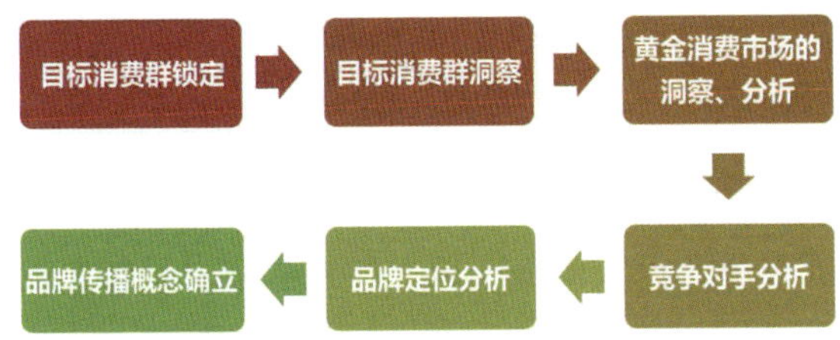

1. 目标消费群锁定：第一步是要锁定品牌的目标消费群体。我们必须想清楚平安金的品牌是什么样的调性，希望能够吸引怎么样的人群，希望什么样的人群成为我们的消费者，是有格调的？是平价亲民的？是讲品质的？还是有温度的？锁定目标消费群，关乎着平安金品牌设计和品牌内涵的走向。

2. 目标消费群洞察：第二步是清楚地洞察平安金的目标消费群，通过大数据和一线调研等方式，清晰地展示和分析用户画像，客观地了解平安金的客户群体究竟来自哪里、什么消费层次、有着哪些消费习惯、人群构成、年龄分层、性别分类、产品偏好、消费倾向等方方面面，他们的需求和对于品牌的期望是什么？因为客户的需求，决定了我们去探索和提供什么产品或服务，或者说银行可从中研究出某种隐性的相关需求，从而激发出潜在需求，开拓崭新的市场，拓宽企业品牌的可靠性。因此，这不仅有利于我们及时调整产品设计，更是深刻影响着品牌调性的调整和方向，也足以引起银行思考，究竟是品牌引领消费者，还是品牌亲和消费者，这是相对独立的两种品牌打法。

3. 黄金消费市场的洞察、分析：毫无疑问，平安金主打的是黄金产品，其主力市场也就是黄金消费市场。因此我们必须率先了解、分析和洞察当前的黄金消费市场，并且洞悉未来可能的市场发展走向以及产品需求方向。深刻的前置市场洞察和市场分析，有利于把控品牌的走向，与目标消费群的洞察互为犄角，相辅相成，共同为品牌决策提供可靠的判断依据。

4. 竞争对手分析：很多时候，竞争对手就是最好的老师。作为当时黄金市场的“新人”，平安金有很多老前辈，于是充分考察竞争对手在说什么？它们在品牌建设方面有什么值得借鉴的优秀实践？有些看似不合理之处，为何它们坚持这么做？等等。这些思考和研究是非常必要的。分析竞争对手，其实也就是在分析自己，“他山之石，可以攻玉”，对于竞争对手完全值得“择其善者而从之，其不善者而改之”。在充分竞争的市场，没有人是傻瓜或非理性者，因此竞争对手的差异化以及非常规行为，都值得企业好好研究，“以彼之长为己所用”，转化竞争劣势为竞争优势，是聪明企业的经营诀窍。

5. 品牌定位分析：在做足了目标消费群分析、目标市场洞察、竞争对手分析的基础上，便可以着手研究和分析自身的品牌定位。有了前期大量的调研分析，银行拥有足够数据、理念和市场习俗等依据，综合地判断自己品牌定位和品牌走向，并根据综合材料科学地定制，并以此为品牌内核，延展相关的品牌内涵，充分实现品牌定位的分析和判断，为后续品牌的传播打下坚实的基础。

6. 品牌传播概念确立：在品牌定位明确且清晰之后，便可以着手品牌传播概念的创意。品牌传播概念必须紧紧围绕品牌定位所作的概念延展，在不脱离品牌内核的前提下进行想象力的延伸，是文字、设计与创意的艺术。充分考察品牌定位、目标消费群、用户画像、市场特性、竞争对手差异性等因素后，确立品牌传播的概念，为品牌设计和大规模营销活动提供了坚实的锚定。

落实到平安金的案例，我们充分考察了平安银行平安金面临的竞争对手：作为老字号的中国银行，其黄金产品有着极高的文化承载度，拥有深厚的文化底蕴和人性的共鸣，这些是中国银行黄金产品的差异化识别度；同为国有商业银行梯队的建设银行与交通银行黄金产品品牌，则是在产品动力度上有着极强的战斗力和市场吸引力，它们的产品十分契合主力目标消费群偏好，适合不同细分用户选择，其产品的种类相当丰富，产品非常打动人心；作为头部股份制商业银行的典型，招商银行与兴业银行的黄金产品有着个性鲜明的品牌名称，品牌联想识别度极高，品牌相关性让它们在市场上占据了天时地利。那么，在竞争如此激烈的银行黄金市场，平安银行平安金又该主打什么品牌概念，从而实现品牌差异化和后来者的弯道超车呢？我们认为，品牌的传播、产品的推广，归根到底是对人的活动，因此勿忘以人为本的核心理念始终是打动人心的不二法门。平安金品牌也如其名，平安带来的温暖和柔软，决定了平安金终将注重人的情感共鸣与产品营销利益点的品牌传播，将情感与营销相结合，充分发挥产品和品牌的核心软实力。

因此，我们根据平安银行的目标消费者、黄金以及平安的关键词，试图找到它们之间共通的词语。我们发现平安银行的目标用户有着追求年轻时尚、稳定安宁、充满个性、讲究品牌知名度、关注品牌价值、渴望悠闲生活和注重家庭生活等特点，喜欢黄金产品的用户则有着讲究面子、身份高贵、希冀生活祥瑞、考虑保值增值、追求财富传承和投资思想前卫等特征，而目标群体也有着希冀温暖生活、渴望健康幸福、追求平安保障、寻求陪伴依恋和强烈家庭归属感等特点。

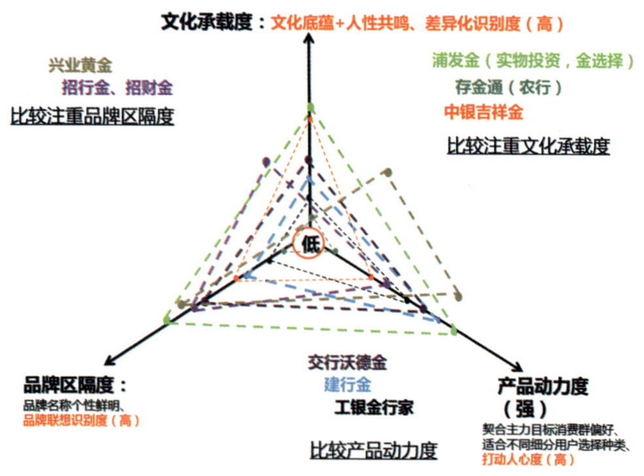

平安金品牌竞争格局分析

综合归纳和整理这些目标群体的特征，我们发现追求健康生活、追求品质生活、追求关怀生活，是三者交叉的市场诉求，再将其予以浓缩和凝练，我们便能得出“相伴”这一充满温度、力度与厚度的品牌概念。

因为相伴让人充满家的想象，仿佛温暖的港湾，令人身心放松，充盈温情之感，品牌也就有了温度；

相伴又让人有着相助与支撑的联想，令人的内心有了力量和勇气，品牌也就有了力度；

相伴还让人联想平安是福的概念，让相伴与平安自然结合，提升了品牌关联和品牌延展，品牌也就有了厚度。

我们挖掘出平安金的品牌 DNA 为“相伴”，既有的品牌产品也将围绕“相伴体系”进行系统性建设，产品设计涵盖各类投资 / 工艺黄金礼赠系列。平安金的品牌建设奠定和创造了它的品牌基调。而在品牌营销上，我们将继续寻觅品牌与消费群体的沟通点。

我们洞察和锁定了平安金的目标消费群体，对黄金消费市场做了深入的调研工作，同时也对同业竞争对手产品进行了研判，最后梳理和确立了平安金品牌传播的概念结构。

对外传播口号：平安是福，相伴是金。

品牌 DNA：相伴。

品牌定位：成为在中国人心中最受偏爱并与之密切相关的黄金投资理财品牌。

正所谓“平安是福”，我们认为平安是每个家庭最为重要的福气，而“相伴是金”，则代表相伴是每个家庭最为珍贵的存在。同时借用了一语双关的手法，凝练地将平安的品牌、相伴的 DNA、平安金的产品属性等概念融入其中，令平安金对外传播的口号简短有力、朗朗上口，围绕平安金的品牌定位，助力平安金成为在中国人心中最受偏爱并与之密切相关的黄金投资理财品牌。

（二）“平安金”品牌视觉设计

艾加为平安金设计了高颜值的品牌宣传形象与产品宣传物料。

平安银行平安金产品手册

同时，为了便于平安金对外发声与有力传播，打造产品品牌IP是非常有效的手段，我们为平安金定制了名为“小平安”的IP卡通形象，让它代表平安金发声，向外传播和科普专业的黄金理财知识，成为营销宣传的代言人与窗口形象。我们赋予了“小平安”卡通形象以拟人化属性，在宣传过程中，我们让“小平安”去旅行、会长高、会增重，充满童趣和生活气息，让黄金品牌增加相伴成长的调性，并与相关的黄金产品紧密挂钩，形成品牌联想和IP认知。如此打造IP形象，创意系列化的品牌视觉设计，让平安金的传播更柔软更温情，也符合目标用户所认知的“相伴”，形成与同业之间的差异化和比较优势。

平安金 IP 创意打造

为了配合品牌传播，根据“小平安”的IP形象及人物调性，平安金还制作了关于产品的动漫宣传片，聊聊黄金银行那些事儿。动漫宣传片一经播出，便引起了市场的热烈反响。独特宣传方式与独特IP形象的有机结合，打破了黄金产品对外的固定形象和品牌认知，为市场带来了品牌的新鲜感和趣味性，加上传播分稿的体系化和吉祥物的组合落地，“平安金”的品牌宣传形成了强大的推广势能。

（三）“平安金”营销事件策划

为了扩大平安金的品牌宣传，艾加采用了系列化和结构化的营销事件宣传策略，为平安金品牌策划了“9 秒合你在一起！”的大型营销活动。

在策划营销活动时，艾加采用了品牌金字塔解决品牌僵化的核心策略：聚焦突破，品牌制胜。我们紧紧围绕平安金的品牌DNA——相伴——进行发挥与延展，结合恰逢新春过年的节点，以游子渴望回家作为活动切入点，将相伴的概念以动人的形式抓取市场的同理心，引发市场热度与共鸣。我们认为相伴的概念与春节是高度契合的，“回家”这一充满号召力的口号，毫无疑问会击中目标用户与市场心底最柔软的地方，古人云：“每逢佳节倍思亲”，只有回家才能相伴，只有相伴的时光才最为金贵，平安到家、团团圆圆更是所有在外打拼青年的归乡梦，也是每位父母最殷切的期盼。因此，“平安到家，金生相伴”的活动营销概念应运而生，平安金免费送你回家，也让“平安是福，相伴是金”的理念成为最美好的祝福。

我们随即采用了当时非常火热的微信短视频形式进行发酵和传播，定制化的 9 秒短视频凭借特有的便捷性和娱乐性，迅速在微信与朋友圈传播开来。有了微信 9 秒视频的预热，我们进一步配合了囧途测试，用好玩的小游戏强化网友回家的参与度，这些设置非常应景。在此过程中，我们将平安金相关产品植入活动，囧途“金”系列宣传产品应运而生。

在活动过程中，许多归乡的游子不由得触景生情，自发地拍出回家的愿望，回家难的社会性问题也凸显出来，而平安金适时地助力游子回家，品牌温度油然而生。最后，通过邀请亲朋好友呼应以及合并视频的方式，再一次增加了平安金的品牌曝光度，强化了品牌形象，让平安金深入人心、打动人心。

平安金品牌营销微信短视频形式

在第一阶段的造势期间，我们不断强化“春节一定要回家”的心理暗示，为活动宣传造势，通过两大病毒视频和三大传播站引流，将品牌活动升温。

平安金品牌营销第一阶段造势方式

进入第二阶段的借势期后，强调互动性成为这个阶段的关键行为，我们需要客户与品牌发生互动事件。因此，我们从网络红人、KOL、线上创意、网络热点和社会公益等多个维度引导客户参与二次传播活动，从而形成强大的宣传势能。在这个阶段，我们应用了大量PGC和达人UGC的内容进行组合宣传，或搞笑，或热门，或催泪，将活动热度彻底炒热，进而引发用户自主参与活动玩法。我们采用了大量的打架贴、南北话题PK等方法进行宣传造势，例如春节抢票、平安金送黄金、平安金为车票买单、平安金送大红包等活动卖点吸引热度，相关的自媒体内容单篇浏览均破万，形成强大的宣传势能。拍出回家的愿望，拍出回家的渴望，结合每一段感人肺腑的视频，激发游子喊出回家愿望，而平安金则将助力每位游子回家。

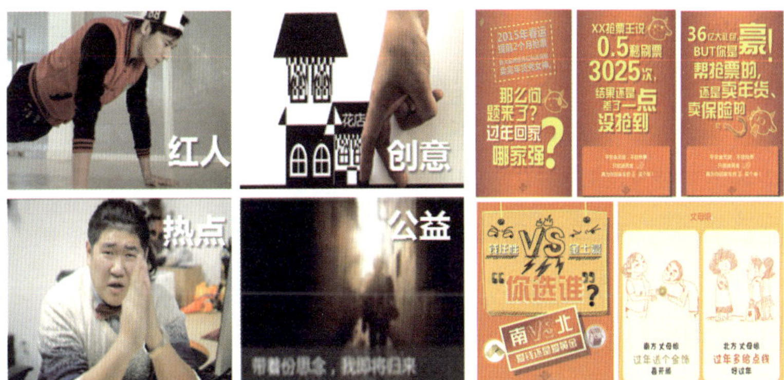

平安金品牌营销第二阶段借势方式

我们将这种温情与期盼带入第三阶段。第三阶段就是将品牌与诚意兑现，我们称之为“做事”，通过趣味活动测试人在囧途，巧妙地植入平安金相关产品，为在外打拼的游子提供免费回家的机会，平安金助力游子回家的福利逐一兑现，每位活动的参与者在感受温暖的同时，体验了平安的温暖和金子般的承诺。随着从造势—借势—做事的营销三部曲顺利落幕，我们也进一步打响了平安金的品牌知名度，让平安金的品牌形象从此立了起来，助力平安金在茫茫黄金银行市场中站稳了脚跟，促成了其与传统黄金银行与众不同的品牌形象和品牌价值。

（四）“平安金”营销活动成果

经历从预热—引流—参与—分享—品牌在心中形成认知到二次传播的完整营销链路，“金生相伴，平安到家”品牌整合营销战役最终效果是非常喜人的。

据不完全统计，视频的播放量超过 50 万次；囧途测试收获超过 10 万次的互动量；活动内容在新浪微博曝光量达 200 万次；活动期间访问平台人数超过 10 万人；平安金品牌获得 182 万次曝光；共有来自全国各地的近 5 万人参与活动；参与者更是喊出了 731 个各不相同的回家愿望；从乡村支教老师到留守儿童，从城市里打拼的“90 后”到才华横溢的文艺青年，短短的 9 秒视频承载了无限的思乡之情，并成功送 24 位游子免费回家。

整个事件引起微博、微信红人和众多受众关注，并自发针对“9 秒视频”“免费回家”事件进行自主创意传播。

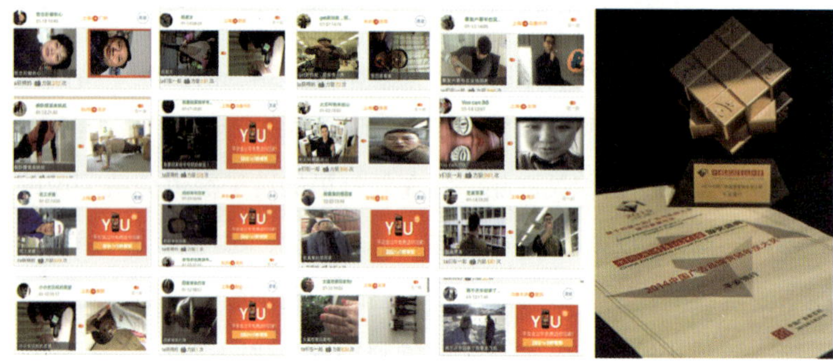

平安金品牌营销活动效果

最终，“平安金”品牌整合营销活动，荣获了中国广告 2015 年品牌营销创新奖、金鼠标 2015 年度品牌营销创新奖等各项业界大奖，是全新品牌从冷启动到成功打爆的经典案例，全面增强了“平安金”品牌的市场竞争力与影响力。

二、湖北银行

——未来之窗　紫气东来

2010年12月，湖北银行以合并重组为契机，开启了品牌重塑、全面升级的新道路，包括构建文化新理念、布局空间新形象、立体宣传新形象等。在有效整合资源、实现跨区域经营、提高风险控制能力的同时，湖北银行全面开启现代股份制商业银行发展的新时代，通过聚焦突破、品牌制胜的策略，为未来打造成为最具成长价值的零售银行奠定了坚实的基础，全面提升了市场竞争力。

（一）理念共识，创赢天下

秉承艾加一贯的项目操作流程，我们在前期对湖北银行进行了大量细致且系统的调研工作，获得了大量的一手资料。湖北银行于2011年2月27日正式成立，由原宜昌、襄阳、荆州、黄石、孝感市城市商业银行采取新设合并方式组建而成，总部设在武汉市。

湖北银行始终坚持"服务地方经济、服务中小企业、服务城乡居民"的市场定位，充分发挥资源整合效应和新银行的后发优势，管理机制逐步理顺，各项业务快速发展，资产质量与抗风险能力不断提高，重组规模效应初步显现。

通过对竞争同业的暗访和地域文化的感受，我们了解了湖北经济金融环境、人文历史等方面的特点。对已有数据的统计和资料的分析，艾加项目组编写了《湖北银行MI调研报告》。与此同时，组织召开了品牌金字塔工程策略营，集中湖北银行高层领导班子、中层干部，在两天一夜的时间里，开展团队建设、头脑风暴、问卷研讨和汇报PK等多种形式的活动。活动期间，积极发挥团队智慧，共同制定出推动银行发展的文化理念与品牌方向，最终提升全员凝聚力，达成理念建设目标，确保战略的实现。这些密集高效的互动，也促使整个湖北银行的中高层团队在愿景诉求和价值取向方面达成共识。

湖北银行调研和策略研讨

经过艾加项目组和湖北银行的共同努力，我们提炼形成湖北银行富有特色的文化理念体系，并编辑形成完整的文化手册，用于银行内部宣贯推广，将文化理念分层次应用于银行机关大楼和网点环境，在全行初步营造出了浓厚的文化氛围。

湖北银行特色文化理念

（二）视觉未来，空间升级

在 CI 系统中，视觉识别设计最具传播力和感染力，最容易被公众接受，具有重要意义。它将企业理念服务内容、形象规范等抽象概念转换为具体符号，塑造出独特的企业形象。湖北银行的标志以稳重大气的方形为主造型，在设计理念及设计元素上，大胆融入曾侯乙编钟和楚刀币的意象，极具古鼎的千年神韵，这足以代表信任与稳重，暗含了一言九鼎的君子诺，象征着湖北银行对百姓、对社会的一种承诺。

与此同时，标识还形似一扇"未来之窗"，表达了面向未来、眺望明天的创意概念，开一扇窗，世界并不遥远；放眼四海，荆楚文化将再放异彩，以此凸显湖北文化承古拓今的文化理念，既有历史传承，也兼具开拓创新。

湖北银行标志创意来源

LOGO 图形底部的弧线，犹如一轮冉冉升起的旭日，寓意顶天立地，崭新一日，为整个标志注入了生机与活力，代表了无限的希望与光辉。紫色的色系渐变，为标志赋予了紫气东来的霸气与底蕴，象征着美好与祥瑞，寄托了湖北银行蒸蒸日上的发展前景。通过标志的整体设计升级，在突出银行历史底蕴的同时，也表达了湖北银行创新发展与时俱进的时代精神；据此设计了标准字、标准色等，并应用到办公用品、交通工具、服装服饰等延展应用，展现了湖北银行统一、现代的品牌形象。

有了湖北银行紫气东来与未来之窗的顶层视觉设计，我们为湖北银行进行 SI 设计工程时，便在保障施工进程和空间功能的基础上，大胆运用 VI 基础部分制定的设计元素，着重体现银行的核心文化。

SI 的空间打造重点突出了湖北银行稳健前行、创造价值的理念价值观，以大气、简约、明亮与现代化的风格为主，体现了湖北银行的亲切、体贴、专业与可靠。流畅的线条设计与精细的格局划分凸显了湖北银行的时代感，每一处细节之间的精巧关联都是为客户最贴心的考虑。精确、精致的色彩运用，既恰到好处地传达美感，更具备细致化的功能性，是银行高效服务的有力保障。

湖北银行 SI 空间实景图

（三）品牌用心，承诺至臻

“一诺至诚，一心至臻”这一广告语涵盖了湖北银行对社会、对股东、对客户的全面承诺，体现了湖北银行作为一家具有社会责任感的现代化银行，以至诚不渝的坚定承诺，以臻于至善的贴心服务，与每一位客户知心相伴，亲情互动；与每一位股东真诚合作，携手共赢；与社会各界和谐相融，同步发展的全新服务理念，是湖北银行致力于以领先服务意识塑造金融业革新者形象的鲜明体现。

艾加项目组围绕湖北银行“一诺至诚，一心至臻”的品牌理念，谋篇布局设计画册，系统梳理画册内容，与湖北银行的品牌精神一脉相承，彰显了湖北银行以诚信立行，以服务赢心，以和谐制胜的时代理念，展现了湖北银行致力于打造最具成长价值的零售银行应有的行业新风范和社会责任感。

湖北银行开业画册创意设计

为树立“一诺至诚，一心至臻”的全新品牌理念和品牌形象，艾加又为湖北银行推出了品牌推广组合拳——品牌形象视觉创意＋开业主题宣传，从而为湖北银行新品牌的打造和推广奠定优质基础。

在为湖北银行设计品牌形象视觉创意时，我们紧扣一言九鼎的意向，坚定“承诺如山，信誉如鼎”的设计内涵，将“承诺”与“臻心”的设计元素重点突出，荆楚大地绵祚数千年的鼎文化至此一脉相承。

“心跨越”象征了湖北银行品牌发展的品牌动力，“赢未来”则寓意湖北银行未来发展的战略目标，品牌画面也展现了未来之窗的前进感和开拓感，跨越城乡，更跨越时空与时代。让一诺值千金，令用心是至臻。

湖北银行开业策划及创意设计

在全新的开业设计中，主色调的充分运用给了用户极强的视觉冲击力，大色块的渐变令人耳目一新，“五湖一家，四海一诺”的开业口号让湖北银行的格局更上一层。

湖北银行的品牌宣传思路十分明确，只有完成理念的跨越、形象的跨越，才能完成服务的跨越、市场的跨越；只有更多用心服务，方能携手客户，锐意进取，共创美好未来；通过卓有成效的品牌形象打造和传播，积极稳健创新，提供更多超值服务，才能打开湖北银行的新品牌之窗。

（四）天空银行，迈向未来

艾加为湖北银行打造的品牌制胜工程还有一个特殊的品牌场景——直销银行系统。

湖北银行对于社区化经营场景的打造十分重视，并且对于年轻客户和潜在客户予以了相当前瞻性的布局。关于直销银行，湖北银行的定位是经营追求新潮、生活节奏快和讲究精致生活的年轻客群、中产客群和高净值客群。

在为湖北银行直销银行命名时，客户提出了“随时、随地、随心、随行”的诉求，要求体现“轻松、自由、成长、包容”的特点，既要被年轻人所爱，也要被长者所接受；不局限于地域疆域，又要展现湖北的城市文化；既要追求个人零售特点，也要兼顾企业金融需求；既要体现直销银行特点，又要突出个性化特征。在一系列“既要 + 又要”的高压诉求之下，艾加为湖北银行直销银行创意了既符合实际需求又满足想象空间的命名——天空银行。

—— 乐享自由 财富天空 ——

我们认为根据湖北银行直销银行的经营定位，是一家会满足全天候服务的银行，犹如头顶的天空一般，让人自由飞翔，给人财富增长的可能。天空银行主打“乐享自由，财富天空”的概念，因为乐享包含了“随时、随地、随心、随行”的追求，财富囊括了“生活与投资的无限可能”。在产品包装上，“日盈存、星理财、风行贷、光速汇、闪电付、天空购”，脑洞大开的我们，更是大胆采用了“天空银行”的概念延伸，从日月星辰到风雨雷电，无不是天空载物，正所谓仰望天空，望宇宙之无穷。

湖北银行直销银行发布现场

湖北银行全新的品牌塑造令银行形象年轻化，与之配套的直销银行系统建设，更是全面践行了湖北银行用心服务的至臻承诺。艾加运用聚焦突破、品牌制胜的品牌建设策略，成就了湖北银行

"紫气东来、未来之窗"的品牌气质，坚实了湖北银行打造最具成长价值的零售银行的愿景，湖北银行的品牌影响力和品牌竞争力在短时间内激增，至今依旧处于同业前列。

三、安吉农商银行
——"安芯"绿色普惠标杆银行

艾加与安吉农商银行的合作渊源颇深，最早可追溯到 2012 年 9 月，彼时的安吉农商银行还是安吉农信联社，在其改制前的这次合作，主要是为了改制翻牌后的安吉农商银行全新品牌的亮相。秉持艾加品牌金字塔的操作模式，在打造安吉农商银行新的文化、视觉、空间、品牌、产品等方面，我们全面结合安吉"中国竹乡"与"白茶之都"的地域特色，将"山、水、竹、茶、城"进行融合，表达了安吉农商银行是在传承当地文化的基础上，努力服务当地百姓，做到价值恒远、惠民富民。2018 年，安吉农商银行发展到了新的阶段，急需在品牌形象上再次升级，艾加再次助力，为其打造出"安芯金融"品牌定位。

（一）"安芯金融"品牌建设策略

在"安芯金融"品牌建设初期，艾加进行了一系列的品牌调研回顾，从中得到了很大的启示：品牌建设的战略规划与落地执行同样重要。

在品牌传播的过程中，其本质就是安吉农商银行的品牌识别，在银行内部达成共识的前提下，将与之匹配的产品与服务，传达给消费者群体，从而塑造“安芯金融”的品牌形象。也就是说，在传播过程中一以贯之的，始终是人。

因此，“安芯金融”的品牌形象，一定是能够打动人的，让消费者理解的。通过全盘整体的规划，“安芯金融”的传播思路可以归纳为：打造可清晰感知的当地银行！这句话包含了从本位视角转向以客户为中心；产品和服务由大众化走向个性化；网点是交易终端更是体验终端几个不同维度。也就是说，“安芯金融”必须着眼于以差异化品牌建设为核心，产品、服务和网点拒绝冷冰冰，坚持通过多维感官触点，建设传达出“不同”的有“温度”的银行。

消费者对银行的感知

在这个品牌传播思维框架和结构之下，传播逻辑与链路将变成“七步成诗”。

（1）打造品牌专属特色印记，加深客户对品牌的感知。

（2）建立一套实效应用的品牌规范系统。

（3）调动消费潜能量，提升品牌知名度和美誉度。

（4）树立业内榜样地位，提升行业内权威。

（5）确立业内标杆地位，提升行业影响力。

（6）增强品牌声望，提升客户对“安芯金融”的品牌忠诚度。

（7）实现安吉农商银行业绩的长效增长。

品牌建设的实现路径

安吉农商银行规划品牌建设的第一步，就是打造差异化的品牌特色概念。这需要综合分析行业发展和行业属性，挖掘银行企业基因，考察安吉地域人文、银行定位以及传统精神，参考竞争品牌的各类做法，满足客户需求、感知与期望。

这套品牌特色概念，需要具备满足银行品牌意识的核心思想，拥有深刻、全面、相对完整的文化内涵，体现银行未来主流发展方向，具有统领整个品牌理念体系的力度，简单易记，便于不同客户群体的记忆、理解和传播。也就是说，安吉农商银行的品牌概念需同时具备核心性、完整性、前瞻性、统领性和便捷性五大特点。

安吉农商银行的品牌定位除了兼顾银行自身的属性和定位之外，也需融合地域特点，如竹文化，以凸显差异性；需突出绿色金融与普惠金融，两者要更好地融合，同时，也可体现一定的科技、智慧等趋势，强化现代感；需一脉相承已有较高知名度的明星产品“彩虹贷”，在此基础上进行拔高与包装；在 VI 设计中融入当地特色，从竹元素、白茶、绿水青山等出发进行创意，形象可爱灵动；

品牌命名也要接地气，通俗易懂，朗朗上口，易于传播，弥补传统传播途径的不足。

而同时满足这些特点与规划的，便是“安芯金融”。

（二）“安芯金融”基因、设计与落地

安吉农商银行“安芯金融”的品牌创意，是基于品牌调研的实事求是，更是源于生活而高于生活的提炼，充分体现了情感的共鸣与交织，着重以交流为素材进行品牌创意。为什么这么说呢？对安吉的地域、人文以及银行愿景进行拆解时，就会发现很多有意思的理念。

1.“安芯金融”的基因来源。安吉坐落浙江北部，深入长三角腹地，又有天目山脉自西南入境的天然景观，分东西两支环抱县境两侧，呈三面环山，群山环绕，犹如掌上明珠。因此，安吉天生自带金山银山，即绿水青山，是习近平总书记提出的“两山理论”的发源地。

安吉富庶而安宁，从地名的风水学及堪舆学来看，也暗合了安吉人渴望安定、安稳、安全、安乐的心理期待，表达了当地人积极向上的美好憧憬与期望。自古浙商辗转于江南山水，安土重迁和落叶归根的文化沁入每一位安吉人的心中，行走四方不忘安宅，纵有鸿鹄之志不忘衣锦还乡。

而“芯”字，则是草字头与心相连，一方面展示了草木绿植，生机勃勃和绿色起源正是安吉城市发展的中心，绿色金融、绿色经济推动着安吉农商银行不断前进。另一方面还代表了新时代金融与科技的含义，“外滩大会”上提出的金融科技犹然在耳，而

彼时我们已洞察出金融科技在新时代的分量和前景。

安吉农商银行坚持大力发展普惠金融、绿色金融，力求让所有人都能享受更便捷、更亲民的金融服务，将现代金融技术惠泽安吉百姓，助力安吉百姓安居乐业。在此基础上，安吉农商银行渴望与当地百姓形成密不可分的纽带关系，几十年的日夜相伴，银行与客户、银行与员工之间，渐渐打磨出了心心相映的紧密与信任，携手同行，共同成长是对彼此最好的信赖。

2.“安芯金融”的符号及形象创意。俗话说“好马配好鞍”，在对“安芯金融”进行模块化组合式品牌宣传之前，首先需要为“安芯金融”设计全新的 VI 体系，将安芯理念植入其中，形成配套的可视化标识。

在 VI 字体设计所下的功夫，源于对字体本身结构的理解，例如“安”字的宝盖头形如屋顶，可隐喻为安居乐业与安稳安定；一点一撇的原有风格延续，是一种在既有基础上的延伸，既肯定安吉农商银行的过去，又期待未来推陈出新的理念；竹叶般的点状，体现了绿色金融的战略思维，“融”字形象化的“钱币”概念衍生设计，则囊括了普惠金融的战略高度。

因此，“安芯金融”的标识设计，既包含了浙江省联社的传统元素，又充分体现了新定位的方方面面，将绿色与包容、科技与创新、服务与用心等糅为一体，在合规的框架下不落俗套，别具一格，自带安吉农商银行“安芯金融”的个性化特征。

如果说品牌是一个系统工程，那么品牌口号就是品牌体系“皇冠上的明珠”。品牌口号是品牌对于志向和愿景的表达方式之一，是凝练的聚焦点，其背后蕴含着千丝万缕的战略性意义。几经思考与修改后，“懂得·恒远”的价值主张随即被确定。懂得，源于一种热爱，因为热爱，所以用心，想要把这份心意恒久地传递下去……创造无限可能，成就更大的世界，是“安芯金融”的核心。

3.“安芯金融”的全面落地。“安芯金融”最核心与亮眼的聚焦点，就在于重点打造绿色金融。毫无疑问，能够敏锐捕捉国家政策导向，是银行顺利发展极其重要的因素。党的十八届五中全会提出了“创新、协调、绿色、开放、共享”的新发展理念，生态环境建设自此成为我们社会绿色发展的要义，特别是我国立志要在2030年实现碳排放达峰的目标日渐紧迫，“节能、减排、降耗”对于可持续发展迫在眉睫，也同样成为商业发展的新契机。

因此，绿色金融成为现代银行在日常经营活动中的核心战略之一，环境保护和生态可持续产生的高附加值成为未来金融生态的蓄水池，安吉农商银行决定在制定投融资决策过程中更多顾及环境的内在作用，将环境的潜在回报、风险和成本融入金融业务，在金融经营活动中注重环保与污染治理，借助公共经济资源的有序引导，推动社会的可持续发展。

安吉农商银行的核心战略，体现了商业银行紧抓可持续发展的指导思想。

（1）遵循金融发展和自身发展客观规律；

（2）不断适应经济发展环境的变化；

（3）实现盈利持续增长和能力提高；

（4）不以牺牲未来的利益为代价追求当前发展；

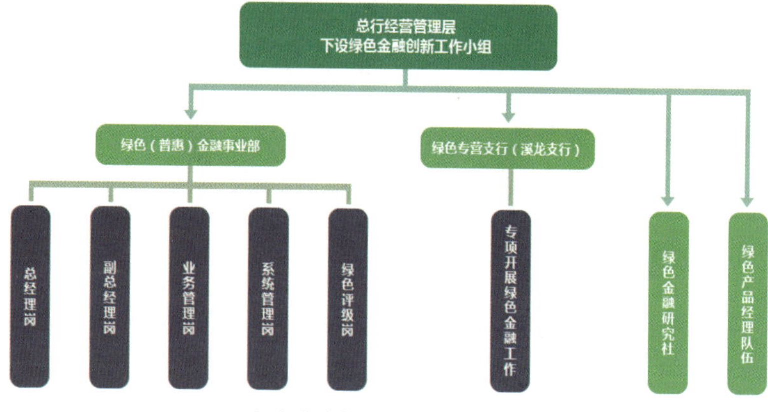

安吉农商银行绿色组织架构

（5）实现与生态、社会、经济、政策、产业等宏微观环境的良性互动。

在推进和建设绿色金融业务的落地过程中，绿色机构建设标准化是极其关键的环节。

首先是搭建完善的绿色组织架构，包括绿色金融领导小组、绿色金融创新工作委员会，下辖全国首家小法人机构绿色金融事业部、绿色支行、绿色产品经理队伍、绿色金融学研社等组织，从中可见自上而下的机构与人员的完备搭配。

其次是开展绿色运营管理工作，包括但不限于制定绿色规章制度，将绿色运营纳入常态化管理，定期开展信息披露，强化责任担当等运营举措。制度化、信息化、责任化的运营思维运用自如，将运营管理结构化和固定化，保障运营顺利开展。

最后是强调推进绿色金融人才培养，每年严格地制订培训计划，保障绿色人才的输出与成长；构建特有绿色金融专业技术等级考评体系，建立初步的人才奖惩机制，对绿色人才鉴定做到有规可循。

经过一系列的制度化和运营化的框架建构，安吉农商银行从绿色产品到绿色体系，全方位在绿色金融产业上取得了优秀的实践成果。

1. 绿色产品端。

（1）“美丽乡村贷”支持美丽乡村建设。这是一款为县域新农村建设发展，为美丽乡村建设量身定制的信贷产品，截至 2019 年末，累计发放金额约 8.5 亿元，累计支持行政村 118 个，让利 2000 余万元，有效解决了建设初期资金瓶颈问题，助推安吉乡村建设成为生态宜居、富裕繁荣、和谐发展的美丽家园。更可喜的是，这款“美丽乡村贷”在 2019 年 7 月荣获“全国农村金融十佳服务乡村振兴产品”。

（2）“农房绿色建筑贷”支持农村住房绿色转型。这款特殊的房贷产品，是为推进绿色建筑和绿色金融协同发展、推动农村住房绿色化转型而推出的全国首款“农房绿色建筑贷”，用于支持农村住房绿色新建或改建。该产品结合国家《绿色建筑评价标准》制定“农村住房绿色建筑”的认定标准并进行星级评定，根据不同星级标准实行差异化利率定价，最低可执行 LPR 利率，额度最高可达 50 万元，有效解决了农房贷款担保难、期限短、周转烦、利率高等问题。

（3）“两山白茶贷”支持白茶产业绿色发展。安吉白茶是安吉当地名产，可谓举世闻名。安吉农商银行对此开发了特殊的贷款产品，针对绿色发展的白茶经营主体推出“两山白茶贷”绿色信贷产品，引进浙江两山农林合作社联合社风险基金池担保，创新将白茶“茶园证”作为融资反担保物，对绿色发展的白茶经营主体实施批量授信、发放信用贷款，同时利用财政资金补贴优势，贷款利率按照人民银行基准利率下调 10% 执行，既盘活了白茶资源、帮助客户解决了融资担保难的问题，又大大减轻了客户的融资负担，使白茶产业经营者切实享受到国家支持绿色农业发展的政策红利，截至 2019 年末，累计发放“白茶贷”超过 6 亿元，直接惠及人口超过 5 万人。这款特殊的针对性产品，在 2017 年荣获“湖州市绿色金融优秀案例”，这种扶持小微、为民谋福的绿色产品，获奖可谓实至名归。

安吉农商银行绿色产品

2. 绿色体系端。

（1）创建绿色信贷风控体系。为了更好地服务安吉地方经济，安吉农商银行创建了绿色信贷风控体系，先后建立了客观的贷前调查体系、科学的风险评估体系、针对性的绿色审批通道、约定环境责任条款的放贷机制和贷后绿色跟踪机制。完备的绿色信贷风控体系有助于约束企业真正发展绿色产业，也让银行的资金风控安全建设卓有成效。

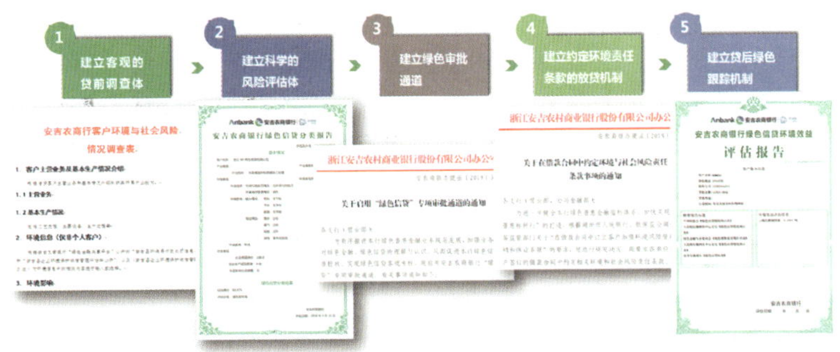

安吉农商银行绿色信贷风控体系

（2）创建“两山绿币”体系和管理系统。安吉农商银行首创了“两山绿币”体系，在“两山绿币”体系建成的基础上，依托银行科技支撑开发了“两山绿币”管理系统。该系统包含绿色数据集成、“两山绿币”转化、环境效益测算等多项功能，可用于动态管理居民获得的“两山绿币”；同时，该系统内容还根据需要设置了相应的绿色产品的科技功能，例如绿色信贷产品的批量授信模型与利率定价模型，助力绿色金融服务更加高效、便捷与科学。

（3）绿色金融参与社会治理。安吉农商银行还着力推进绿色金融来参与社会治理问题，基于“绿色信用”的基础上，在资产端首创“绿色信用贷”线上信贷产品，而在负债端开发绿色存款系列产品“绿色童年”，通过新的产品系统融入社会管理的方方面面。

四、天津农商银行

——凤凰和鸣　心天地　行天下

2010 年，随着银行业日新月异的发展，天津农村合作银行将改制成为天津农村商业银行，品牌升级的需求迫在眉睫。艾加根据品牌制胜理论，为其确定品牌，树立形象，将为其品牌带来非凡的跃升与质变。

经过对天津历史人文以及城市寓意智慧考察，我们在传承吉祥文化的基础上，为焕然一新的天津农商银行提炼出极具民族特色的凤凰文化，这更增添了引领美好时代新生活的内涵和愿望。天津农商银行与时俱进，努力加快面向全国、面向国际的品牌形象开放进程，以“凤凰和鸣，吉祥和谐”为文化创意原型，承袭延伸，历经提炼，在原基础上将凤凰文化的精髓提升到时代发展的高度，以此来昭示天津农商银行“凤凰和鸣、崭新飞天”的美好愿景。

（一）品牌源泉，凤凰和鸣

天津——中国历史文化名城、四大直辖市之一，枕河濒海，紧邻京城，处于环渤海经济带和京津冀城市群的交汇点。六百多年风云变幻、沧海桑田，这里积淀了深厚的历史文化底蕴；东临渤海，北依燕山，72 公里的海河玉带穿行，这里形成了独特的自然景观；凭海临风，得开放风气之先，这里浸润着新世纪的现代化气息。

近年来，滨海新区龙头带动、中心城区全面提升、各区县加快发展，三个层面联动协调发展的格局已经形成，天津市经济和社会发展全面迈上新台阶。区域内国民生产总值、财政收入和全社会固定资产投资连续数年保持两位数的高速增长，一座欣欣向荣、亮点频闪的现代化城市正在渤海之滨加速崛起。

崛起之势提升滨海热土，滨海新区的全面开发开放必将全面助推天津经济社会发展再上新台阶，农业和农村的发展也将涌上时代潮头。未来五年，天津将基本实现由传统型农业向现代化农业的转变，实现农业现代化、农村工业化和农村城市化，从根本上优化农村产业布局和农业内部结构调整。新的农村农业发展格局对农村金融服务提出了更高的要求，也提供了更加广阔的发展空间，站在改革发展的最前沿，天津农商银行的改制可谓正当其时。

我们在为天津农商银行塑造品牌文化时，抓住了新生与和谐的文化源泉——凤凰。

凤凰在民间自古就代表着和美、和谐与吉祥。“是鸟也，饮

食自然，自歌自舞，见者天下安宁。”天津农商银行的凤凰和鸣，更是一种寄寓美好的象征，上承天运，为天下苍生带来福寿安康的喜讯；下接地灵，为万物滋长开启长盛不衰之门。

秉承福运吉祥文化而来，致力于成为一家继火传薪的民族银行——天津农商银行一如翱翔津门之上，四时和鸣的凤凰，在历经近六十年不断自励自新，引领变革先声的奋腾翱翔中，将源远流长的福文化基因融入自身肌体血液，以更具活力的昂扬姿态再度腾空，将福运传播的视域扩展到更为广阔的天地。

凤翔高天，昭示未来。心有天地，携使命而飞升，寄和谐于明天。我们相信：矢志成就福满万家之事业的天津农商银行，必将在新时代曙光的灿耀下生发出熠熠光芒，在广行天下中为神州大地更添福运气象。

（二）品牌升级：凤凰在天，卓越提升

确定了以凤凰为核心元素的品牌理念，天津农商银行的全新形象自然也就围绕着凤凰延展，实现了银行形象系统性的卓越升级。

天津农商银行的 LOGO 形似凤求凰之状，自古以来雄为凤，雌为凰，合为凤凰，凤凰齐飞，吉祥和谐。

新行标的设计传承了天津农商银行的“渊源共生，和谐共融”优良传统，流动的线条一笔定下天津农商银行的文化精度。视觉接收从平面直达进化至纵深层叠，在多重含义的表达上糅合得更

紧密，实现美感与内涵的高度融合。

本土文化与传统吉祥意义是标识图形的大主题，挟带着渤海湾的波涛之勇，绽放了花中皇后的坚韧之美，舞动出凤凰齐飞之祥！民族生命力与激流骇浪勇猛对冲，制造出巨能转力，转动起天津农商银行的磅礴未来。

精简的图形表现与天津农商银行现代、大气、未来国际化的发展定位相符合，亮橙的色彩运用宣告了天津农商银行的锐气与鲜活生命力，鲜明的用色不仅是美学、设计上的精彩突破，更是具有创领先声、誓做金融品牌先锋的具实寓意。

天津农村合作银行（即天津农商银行的前身）作为我国第一家省级农村合作银行，一直以传承富运吉祥的银行文化为己任，致力于成为一家承薪传新的民族银行，自开创之初就将传承凤凰文化定位为本行争创一流服务的文化坐标，并撷取流传广泛的“有凤来仪”美丽传说，结合银行自身的发展状况和文化理念，以此为基础，推陈出新，凝合并锻造出了以“丹凤朝阳”为主形象的品牌识别系统。

“有凤来仪”“丹凤朝阳”，吉祥文化的时代承传，为天津农村合作银行注入了新的生命力和活力。随着服务意识和经营理念的提升，天津农商银行——“凤凰银行”的全新形象逐渐深植到天津人民的心中。

（三）品牌形象：心天地，行天下

天津农村合作银行翻牌成为天津农商银行，在传承凤凰文化和形象的基础上，艾加助力天津农商银行打造全新的品牌视觉形象，从 LOGO 到成套的 VI 系统再到营业空间的规划设计，进行全新改造和提升，以适应银行未来的发展诉求，迎接更高的挑战。同时，艾加为天津农商银行拟定“心天地，行天下”的品牌口号，并通过创意画面进行了深入的挖掘和阐述，极大塑造和丰富了天津农商银行的品牌形象。

在 VI 基础系统中，我们为其确立了最新的标准色，将凤凰银行的传播色系予以确定，此后又附加了辅助色、标准字体组合、辅助图形等一系列专业的设计与打磨，为天津农商银行输出了一整套 VI 基础系统。

艾加将LOGO和标准字的组合设计应用于一系列业务类用品，统一标识，精细规格，把专业和扎实的 VI 设计带给了天津农商银行。事务用品类延展应用设计上秉承统一性的原则，体现企业文化，建立员工的归属感，和谐统一和专业精干的设计理念融入其中。

天津农商银行 VI 应用设计

我们相信用心才能行走天下，正应了那句口号：心天地，行天下。

品牌形象升级除了 VI 及应用系统，还有一块重中之重的载体便是天津农商银行的 SI 营业空间设计升级。

本次为天津农商银行提供的 SI 设计方案，首先是坚定了以“橙色银行”概念为设计核心，建立区别于其他银行的主要设计特色，通过各区域中橙色的组合应用，使橙色成为天津农商银行形象品牌的主要色彩。

其次是严格遵循设计风格简洁化，讲究现代化、实用性和国际化的结合，设计既要符合银行特征性，更要能够传达银行实力，给客户带来安全性和可靠性的感觉，又能够使客户和员工使用便捷和舒适，体现天津农商银行“以人为本”的服务精神。

再次是强化了“以客户为中心”进行网点各分区的设计思路。围绕客户需求和业务发展趋势，对不同的功能区进行科学划分，最大限度地分流客户，优化人流走向，引入科学的空间动线，提高天津农商银行各大网点服务效率和质量，满足体验升级的心理需求。

此外，网点空间设计还需具备高度的灵活度和适应性，首次采取了模组化设计理念，在实际应用时，对于不同规模的网点可视具体情况进行自由组合，对网点各模块按需所取，合理安排功能布局，并为银行网点改造节省成本，提升运营效率和费效比。

最后则是强调了设计必须充分考虑功能需求和成本的控制，即每个细项的可操作性必须十分强，既要考虑必要的功能需求和实用性，又要兼顾首次投入改造设计生产的成本，以及后期的维护成本和更新成本，从而为天津农商银行提供一个切实可行的SI网点营业空间依品牌文化而全面升级的设计方案，并切实落地和执行。

天津农商银行的SI空间设计是一个典型的全功能网点顶层设计思维，它的区域划分可分为门面、内部区域、引导区、自助银行、等候区、封闭式柜台、开放式柜台、理财中心、客户经理办公室，视网点情况设置更衣室、休息室等，模块化设计一应俱全。

天津农商银行 SI 空间规范设计

如此的区域划分，可谓贯彻了“以客户为中心”的指导思想，可扩大客户服务的区域面积；配合了天津农商银行业务发展的需要，突出了自助银行区、开放式柜台及理财中心；充分发挥了引导区的作用，可设立引导区和大堂经理的工位；还尽量设立和加入了 24 小时对外营业的自助银行，可直接面对街道，同时连接网点内部，形成双向衔接作用；另外还尽可能地设立了开放式柜台组合，主要用于帮助员工为客户处理各种非现金业务；最后则是在条件允许的情况下，建立和设计装修档次更高、可以办理所有个人金融业务的理财中心，提供高品质的金融服务，为高端客户提供差别化的顶尖服务，从而满足从基层到高端的一切客源与金融业务需求。

（四）品牌传播：组合宣传，打出声量

针对天津农商银行翻牌推广的需求，艾加为天津农商银行制订了开业仪式暨品牌形象推广的设计方案。在这套推广方案里，我们着重强化了由内而外的组合式宣传。

对内，我们细化了开业准备，对于现场物料作了精心设计与把控，包括签到板、主题背景板、引导牌、成立庆典流程单、邀请函、采访证 / 工作证、手提袋和纸杯等细节物料，统一而有层次的设计，让“凤凰银行”的形象在现场第一时间就传达给所有与会人员。

对外，则在地方报纸媒体上推出成立庆典报纸整版 / 半版 / 通栏等广告，并同时在地铁广告、户外公交候车厅广告、户外挂旗广告、户外高炮广告、户外圆灯箱广告等多种媒体宣传平台，对于广告页面做了简洁而不失信息传递的品牌宣传。

天津农商银行开业画面设计及应用

通过一系列媒介宣传，天津农商银行品牌改制升级的信息铺设天津街头巷尾而家喻户晓。天津老百姓在日常生活中，无论衣食住行都能浏览到天津农商银行的品牌信息，从而促成了银行品牌传播的重要势能，使“心天地，行天下”的口号深入人心。

五、昆山农商银行

——有戏的地方　懂你的银行

（一）再度携手，品牌诊断

艾加与昆山农商银行的合作是再度携手，早在 2014 年艾加便与昆山农商银行达成战略合作协议，开展了昆山农商银行第一轮品牌升级工作。时移至 2020 年，艾加与昆山农商银行再次携手，扎根于全国百大县城之首的昆山农商银行的发展也提到了一个新的速度，在这个特殊的年份再次合作，我们潜心依旧，一路同心。带着热情与渴望，艾加团队再次踏入昆山这片热土，再度携手昆山农商银行这个极为优秀的地方银行，一切都那么熟悉，一切又刚刚开始。

根据品牌金字塔工程之影响力的模型原理，我们在前期展开了新一轮的全面调研，为提炼昆山农商银行新阶段的品牌形象夯实基础。我们基于昆山农商银行决策层的战略方向与构想，通过对中高层的访谈，基层网点的走访，地域人文的了解，主要竞品的观察和消费者的分析，开展了对昆山农商银行品牌定位的寻宝之旅。

在内部访谈中，我们旨在了解高层管理人员对品牌升级的预期、规划，了解产品规划的现状，寻找吉祥物的宝藏资源，了解自身优势，发掘机会点。其间我们累计开展了 7 次内部研讨会，访谈人数近 40 人，访谈总时长超 30 小时，访谈记录超 2 万字。通过走访网点，我们旨在了解昆山农商银行终端类型与特色，了解空间升级需求与现状。深入的竞品调研，了解行业及主要竞品（市场环境与竞争格局），在线上竞品分析 20 余家。充分调研线上数据，收集线上素材，累计超 11 天的数据分析，对定位与产品提炼提供了充足的参照与基础。

昆山农商银行实地调研

经过与中高层的深入访谈，我们明白昆山农商银行对于自身新阶段发展的定位，是立足于打造一家“代表长三角地区的银行”。与此同时，我们也深刻地感受到昆山农商银行在当前品牌升级所面临的困惑和迫切需求：昆山农商银行如何被快速识别出来？我们是一家怎样的银行？如何提升品牌价值，提升竞争力、服务力和影响力，提升在老百姓心中的地位？希望农商行能参与老百姓从出生到年老的全过程，一生陪伴，一行昆山，我们能否坚持？

昆山农商银行中高层反复提及的新品牌定位，频率最高的有“以客户为中心，让客户评价”“全行统一品牌，一眼就可看出是农商行”“品牌好读好记，一说就知道”“品牌建设是长期的过程”“吉祥物要大家一看就喜欢”“需要快速识别出是昆山农商银行”，等等。由此可见，这充分体现了昆山农商银行中高层已经是以用户为导向的 C 端思维，体现了他们坚定品牌化的决心与远见，体现了长远的发展观。

在普惠金融群雄并起的时代，昆山农商银行又应该怎么做？经过大量的竞品分析，我们深入分享了微众银行的极致化单品和互联网爆款思路，展示了宁波银行的“好产品力成就好的品牌力”，剖析了常熟农商银行的“燕子银行”品牌，以及 FREESTAR 和兴福村镇银行，共享了张家港农商银行的“大家金融，成就大家”的经典案例。于是我们得出“一个品牌，一种印记，一个记忆”的阶段性结论。

昆山农商银行渠道有着明显的优势，其创新领先，线下开设主题银行、金融 e 家、社区银行，线上便民金融银医通、银社通、银校通等产品方便快捷。昆山农商银行共辖 70 家网点。其中昆山本地 61 家网点，已成为昆山地区营业网点最多、服务覆盖面最广的银行；省内异地 9 家网点。发起设立村镇银行 1 家，下辖营业网点 3 个。

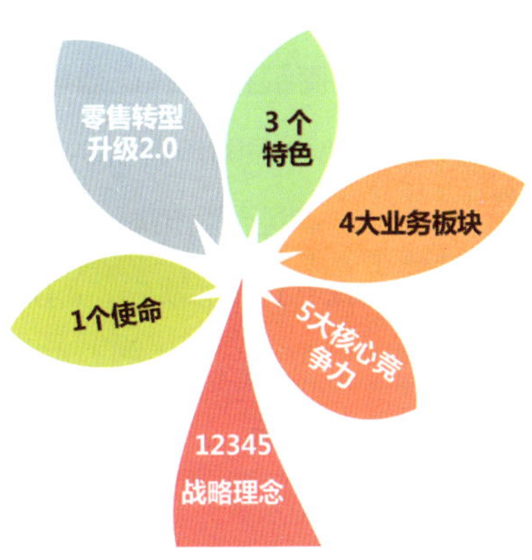

2021 战略理念升级为 12345，业务开展更有抓手：1 个使命，融商惠众，精融至品；零售转型升级 2.0；3 大特色：数字化、智能化、轻型化（资本）；4 大业务板块：零售、对公、金融市场业务、数字银行部；5 大核心竞争力：协同发展能力、全面风控能力、数据应用能力、敏捷支撑能力、人才保障能力。

然而，昆山农商银行的品牌定位不清晰，品牌口号缺失，品牌理念体系缺失，更无品牌识别体系。品牌体系的核心诉求不明确，没有对外传播的吉祥物代言人。这些关键环节的脱落，导致昆山农商银行优质的品牌基因未得到很好的提炼，无法在用户心中形成一个清晰的定位，在传播方面也很难树立明确的心智占位。

（二）擦亮品牌，同心金融

在为昆山农商银行确立品牌定位策略前，我们再度为其进行了系统的 SWOT 分析，发现昆山农商银行的优势在于以下几方面。

（1）传统优势：长期深耕本土，面向中小微，市场空间大。存款市场份额超越农行，区域第一。

（2）品牌积淀：昆山农商银行品牌在当地经营多年，有了良好的信誉和知名度，服务当地百姓的口碑好。

（3）渠道优势：点多面广，网点遍布城乡；特色网点率先布局，金融 e 家、社区银行、主题银行同业领先，网点层次清晰，纵深性能好。

（4）决策高效：战略规划清晰、上下一盘棋，战略统一程度高。决策链条反应迅速。

而其劣势则在于以下几方面。

（1）品牌定位：品牌缺乏有力的记忆点，长期以来积尘严重，有待拂尘和擦亮。

（2）品牌吉祥物：在同业 IP 化的时代，昆山农商银行对外缺少一个有亲和力的品牌吉祥物。

（3）传播意识：主动的传播意识不够，传播途径单一，优势内容传播不及时。

（4）产品创新：产品线处于调整优化期，产品竞争力一般，陷入互相领先、彼此同质局面。针对年轻人的产品特色不明确，年轻用户获取效果一般。

昆山农商银行也并非没有机会。

（1）吃透政策红利：普惠金融政策逐渐完善，切实建设普惠金融体系存在红利。专注地方民生服务的农商行有优势。

（2）地区经济发达：地处百强县之首，昆山区域经济极为活跃，业务提升空间巨大。

（3）坚持零售转型：产品与服务各行各业的覆盖面广，可打通核心经济上下游。

（4）活力群体基数大：昆山年轻人的消费力强，有利于昆山农商银行稳固现有中老年群体基础上，扩大新的消费群体。

昆山农商银行也同样面临着新的威胁。

（1）同业挤压：昆山作为全国第一县城，自然吸引众多同业竞争，目前已有四十多家金融机构盘踞昆山，各机构的跨区域经营挤压本地市场空间，竞争压力大。

（2）客户年轻化：年轻客户对地方银行而言是一把“双刃剑”，

忠实客户群体老龄化，年轻客户群体获得性一般，如何获取年轻客群的信任是全新的挑战。

（3）互联网金融冲击：互联网金融通过平台数据和交易，不断下探涉足农村金融市场，分流客群。

经过以上的深入分析，我们认为昆山农商银行的定位策略必须是：立足本行，传承优势；擦亮品牌，重塑定位。打造差异化的品牌定位，打造可清晰感知的地方金融品牌——同心金融。

同心金融的提出，首先是源于客户思维：以客户为中心，以客户评价为中心，急需好记好念且印象深刻，坚持从用户和老百姓角度去思考，得到客户的认可才是关键。

同心金融，是昆山农商银行走过 17 载，同心共创财富共享的品牌传承；同心金融，是昆山农商银行打造“三品一精”发展目标的理念支撑；同心金融，更是昆山农商银行走向百年老店的底蕴内核。一个“同”字，道出了认同与认知，一个“心”字，写出了用心与用情。

同时，我们认为昆山是一个有戏的地方，昆山农商银行是一家懂你的银行。我们在调研中，采撷到如下关键词为品牌定位重构提供了明确的思路：“NEED BANK 你的银行 你的金融”。于是，同心同德、同心同力、同心同你的概念便呼之欲出——KNOW U NEED 了解你的需要。

因为懂你，所以同心；因为同心，所以同行。

懂得与客户同心，打造品质银行。品质是专业，是传承，更是信念。坚持客户至上、服务为本；专业专注、同心相伴；努力打造“懂你所想、知你所需”的服务文化。

懂得与员工同心，打造品位银行。品位是态度，是尊重，更是追求。坚持以人为本、奋斗为先；尊重彼此、共享成长；努力营造“认真工作、快乐生活”的家园文化。

懂得与地方同心，打造品牌银行。品牌是责任，是情怀，更是使命。坚持不忘初心、深耕本地；同心同力、共谋发展；努力建成业内领先、有特色的“三品一精”标杆银行。

这就是昆山农商最需要的传达，也是最简短有力的传达。了解年轻人，掌握新时代，擦亮昆山品牌，创造同心金融，让昆山农商银行成为一个有戏的地方，一家懂你的银行。

（三）视觉升级，想象无限

随着全新品牌的创建，VI 视觉设计与 SI 空间打造同步升级。关于“同心金融”LOGO，艾加紧抓了昆山农商银行首字拼音的元素 KUN，联动了江苏昆山的周庄古镇乃中国第一水乡的元素，将“K”与波浪纹有机结合，形成湖面倒影般的“K”。整个 LOGO 由两个“U”组合而成“K”，两个“U”分别代表客户与员工，恰好暗合了同心金融中的“KNOW U NEED”，同心同 U，了解彼此，实现“欲贵者，人之同心也”的理想，让同心金融，成为你心中的金融。

LOGO 升级之后，我们将其进行了标准化的 VI 视觉设计延展，提供了包括但不限于在办公用品、员工服装、网点标识、网点提示、马克水杯、礼盒包装、手机壳和员工名片等系列上的延展应用，让新 LOGO 得到最优化和专业化的呈现。

昆山农商银行 | 同心金融 KNOW U NEED

昆山农商银行 VI 应用设计

昆山农商银行网点空间视觉的升级同样令人震撼，在全新的空间布局设计中，将以往的客户流动路线设置更为合理化，并分别设计和提供了业务办理终端、智能交互终端以及缓冲区，充分考虑了现代化网点空间的布局打造，体现了昆山农商银行同心金融的以客户为中心的服务理念。

网点的空间布局分层也更为科学紧密，由客户入口开始，主要分为四大层级：第一层级的预处理前端区；第二层级的客户等候营销区；第三层级的客户体验营销区；第四层级的辅助空间。

而在网点设置配备上，我们同样为昆山农商银行思虑再三，提供了较为健全的现代化布置方案。主要的现代化网点设施包括但不限于叫号屏、智能引导台、超级柜员机、儿童娱乐区、客户体验台、商户联盟、环卫工人休息椅、便民服务柜和咖啡吧等设施。其中诸如环卫工人休息椅、儿童娱乐区、便民服务柜、咖啡吧等便民设施，也充分体现了同心金融的服务宗旨，商户联盟的空间设立，也体现了同心金融包容开放的合作精神。

昆山农商银行 SI 空间规划设计

此外，我们结合昆山农商银行的地域元素，为其定制化的吉祥物设计，烙印着浓浓的昆山风土人情。昆山是积淀了千年江南文化的古城，昆曲更是中国古往今来的“百戏之祖”，无论唱腔、身段、服化道，都有着极强的视觉辨识度。

艾加恰好运用了昆曲人物的传统服化道，又结合了当下的时尚元素，为昆山农商银行设计了一对吉祥物形象——昆小二和懂小姐。“昆小二”，形象取自昆剧中小生的原型，结合现代店小二的服务色彩和昆山的传统文化底蕴，代表昆山农商银行的员工，同心同力，普惠万家的服务精神；“懂小姐”，形象取自传统青衣的造型，体现了银行业端庄、正派之风的气质，代表千万消费者对追求新时代、高品质生活的美好向往。

这一对吉祥物形象，让人一眼便知来自江南水乡的昆山，展现传统文化之余也突出了他们俏皮可爱的一面。作为银行形象代言人，这对吉祥物在各类宣传推广中得以充分运用，亲民的形象渐渐为人所知，为人所爱。

昆山农商银行吉祥物 IP 打造

（四）融商惠众，同心助力

有了全新的品牌形象，昆山农商银行的产品结构也同步进行了全新的梳理。昆山农商银行发展战略明确提出，深入贯彻“融商惠众·精融至品”的使命不动摇，根据这一准则结合主要业务板块特性进行同心金融产品体系的构建，打造了个人金融、公司金融、金融市场和数字银行四大业务板块协同发展的架构。

昆山农商银行四大业务板块规划

针对上述四大业务板块，融商惠众可谓与之一一对应。“融”体现了对金融市场的一种凝聚、一种实力与一种胸怀；“商”体现了对公司金融的一种格局、一种视野和一种成就；“惠”体现了对个人金融的一种助力、一种乐享与一种感恩；“众”则是象征数字银行的一种连接、一种便捷和一种合力。

鉴于同心金融产品体系的整体推出，我们为昆山农商银行量身定制了第一批产品子品牌，分别为同心·商管家、同心·台商通、同心财富、同心 W+、同心·KUN 卡及同心·金融 e 家，针对不同的产品特性，冠以对应的专属符号。

昆山农商银行子产品品牌规划包装

随着昆山农商银行同心金融逐步进入人们的视野，开拓属于昆山农商银行的一片天地指日可待。就如同心金融的品牌理念所言，“在一个有戏的地方，做一家懂你的银行”，昆山农商银行百尺竿头，砥砺奋进，同心扩展品牌影响力。

通过上述平安银行、湖北银行、安吉农商银行、天津农商银行以及昆山农商银行五种形式迥异、各具品牌策略的案例分享，细心的读者一定能够感受到，艾加之所以能够成功助推这些地方银行的品牌影响力提升，解决它们品牌僵化的困境，唯一不变的策略就是专注于“聚焦突破，品牌制胜”的核心思维。我们相信，唯有聚焦，方能突破；唯有品牌，才能制胜。

用艾加始终信奉的一句话总结便是：“宽度一公分，深度一公里。”

第六章 品牌金字塔的现在与未来

感谢能耐心读到本章的诸君，关于艾加品牌金字塔的分享也逐渐进入尾声。我们通过整本书，图文并茂地向诸君展现了品牌金字塔的点点滴滴，也诠释了我们的所思所想。

回首艾加打造品牌金字塔的一路历程，我们始终坚持了“宽度一公分，深度一公里”的理念，在品牌金字塔理论上深入挖掘，并不断付诸实践，将头部战略体系化落地，从而取得了阶段性的成果。

商业成功的经验就在于充分的实践与精心的总结，本章将为诸君作品牌金字塔结构最后的梳理，以便各位理解、借鉴与交流。

一、回顾品牌金字塔

品牌金字塔师承了文化战略学派，主张强调整体思维，关注文化对保持战略稳定性的影响和共同利益。

艾加品牌金字塔的核心思想旨在为中国地方银行提供人、事、物一体化的解决方案，也就是三力体系，即“企业基因—原动力”“文化赋能—生产力” “品牌制胜—影响力”。

（一）企业基因—原动力

在分享原动力案例时，我们着重解析了如何挖掘基因的方法论，从城市、人文、地域、风俗、定位、行业、员工和产品等方面，作了综合剖析，层层推导。

结合数百个过往案例，我们精选出张家港农商银行的“成就大家”、青海农信的“源于为您”、邳州农商银行的“党建铸魂”、福州农商银行的“福文化”和甬城农商银行的“甬心为宁”作为经典案例予以分享。回顾这些案例，我们始终坚持既定的战略，通过坚决执行品牌金字塔方法论，秉承叩源推委的精神，为它们找到了只属于自己的基因，坚持以原动力为核心，从它们的地域、人文、客户、生活与点滴中探索出隐藏在深处的基因，追根溯源，不忘初心；逻辑严谨，有理有据。

一如张家港的港口之地，便注定了张家港人敢于创新、交流荟萃的基因所在，争先与奋进成了张家港人的毕生追求，也成了张家港农商银行品牌拼搏不息的源泉；青海省的三江之源、神山廓然，造就了青海人上善若水的信仰，豪迈的乐观与质朴的坚定，让青海农信基因有着不动如山的厚重；邳州绵延千年的运河文化，贯穿了邳州人的生活与经营，滋润了邳州的商业生命与城市人文，令邳州农商银行纵横南北、一往无前；福州农商银行的“福文化”源远流长，五福同照，凝聚未来，令福州农商银行的美好愿景和服务生活深入福州大地；甬城农商银行开拓创新、甬心为宁的甬信文化，延祚宁波商帮的优良传统之际，也凸显了宁波海纳百川、包罗万象的气度，不啻书香之都与江海名城。

挖掘基因，确认定位，原本就像一次心灵的修炼，有波折和坎坷，也有收获和满足。就像张家港农商银行的升级之路，从优秀到卓越再到“大家”，每一步都有阶段性的目标，每一步都有阶段性的成就，不急功近利，注重脚踏实地，一点一滴地完善，在原动力的支撑之下，茁壮成长。青海农信的“源于为您”，更是源于那无可替代的山、无可替代的江源，还有那些无可替代的人，青海的神山就在那里，岿然不动，青海的精神就在心里，汹涌澎湃；邳州农商银行的“润和文化”，滋养于那联通中国南北的运河，让一切连接与润通，让城市和文化始终充满活力和创意，智创敢为，利民兴邦；福州农商银行的“福文化”，诞生和传承于千年的福州大地，心中有福，城市有福，人民更有福；甬城农商银行的“甬心为宁”，传颂着属于江海名城的不朽传奇，也歌唱着属于书香天下的商儒精神，开放包容，更亲近百姓。

仔细思来，机构之难从不在于“生”，而在于“养”。创造一个全新的名称并非难事，但要将这个烙印打造成真正的基因，便难于上青天。企业需要花大量的时间、精力、心力去培育和培养，需要本着初心与骨子里的文化，用一次次服务、一个个产品、一段段信誉去滋养，才能让自己的形象真正树立起来，在竞争残酷的市场中拥有一席之地。

尽管机构建设和发展殊为不易，但是只要掌握发现原动力的方法，那么我们至少可以找到最关键的源头，犹如乱麻之中那个闪烁着希望之光的线头，只要紧紧握住，就像握住了命运的基石。很多时候我们不需要刻意的创新，只需顺从自己的内心，遵从古老的传统，坚持刻骨的基因，就能在厚积薄发的历史积淀之中，找到只属于自己的正确答案。

一切往昔皆非虚妄，一切未来都有曾经，历史做过的一切都有意义。我们要做的就是从中撷取所需的光辉，取其精华而发扬光大，开拓属于明天的希望之光。

（二）文化赋能—生产力

关于品牌金字塔三力模型之生产力的案例分享，我们系统阐述了文化赋能的工具体系，以江南银行、民泰银行、淮安农商银行、辽宁农信及下辖朝阳双塔联社与沈阳农商银行、苏州银行为例，详细阐明了“一核四化”的核心方法论。艾加运用“一核四化”的方法论，为江南银行创造性地打造了服务品牌“彩虹服务”；为民泰银行整合了“百合文化”，实现精品银行的文化赋能；为淮安农商银行提炼了“周到金融”的文化品牌，实现本地化的品牌特色；为辽宁农信突破性地提炼了省级的文化升级框架，因地制宜地提出了“攀登文化”并推广落实到下辖行社，在统一中又各具特色；又为苏州银行提出了“美即是力量”的服务概念，充分结合了江南水乡的柔润通达。

江南银行的“彩虹服务”为其创造了当时首屈一指的服务品牌，形成了独具特色的服务水准，将服务当成品牌来打磨，快速提升了江南银行的专业化进程。

采用百合作为文化升级的民泰银行，则是将百合花的精神与内涵全面融入银行自身的文化基因，牢牢把握核心精神，并坚定走精品银行的战略路线，让“百合文化”灿烂无比。

淮安农商银行的“周到金融”，积极贯彻了“建设好周总理家乡”的城市信念，用周到细致的服务作为全面升级淮安本地金融服务的标杆与愿景，通过“周到七字诀”“八个一工程”的特色化模式，形成了极具淮安底色的金融品牌。

艾加为辽宁农信攀登文化提炼了“源合实兴”的核心基因和理念体系，根据“核心理念 + 内化于心 + 外化于行 + 物化于境 + 固化于制”方法论的全方位创新与巩固：通过文化手册和文化媒介实施内化于心策略；此后又采用落实宣贯学习、提升互动体验的方式，落实外化于行；以宣传物的设计、文化上墙的布置，让理念落到空间，物化于境成为现实；调整文化组织架构，确立企业文化队伍的独特地位，形成强有力的机制保障，令固化于制简单高效。“攀登文化”已经在辽宁的黑土地上生根发芽，成为整个省联社的文化方向。有了辽宁农信“攀登文化”作为高屋建瓴的文化方向，朝阳双塔联社积极响应，在“攀登文化”的框架和风格之下，再结合自身独特和需求，完成了“向阳而生”的文化品牌升级工程，既保持与“攀登文化”的体系感，又适当体现自身的独特不同。沈阳农商银行更是全面传承辽宁农信“攀登文化”精神，发展出符合自身定位特色的 Yong Bank，将年轻、活力、担当、温暖、互联的风采融会贯通。这一系列举措极具开创性，有助于每个省联社形成各自的文化体系，让每个省联社与下辖地方银行形成结构化的企业文化，强化地方金融文化品牌体系的塑造。

苏州银行“美即是力量”服务工程，在挖掘苏州江南水乡特点的同时，也展现了水乡人民特有的温柔与魅力，全面提升苏州银行的服务水平，并同步实现了整套视觉体系的升级，令人无论是体验还是感官，全方位帮助苏州银行完成品牌改制的跃升。

各具特色的文化升级，充分体现了“一核四化”带来了文化生产力升级的力量，而在并不遥远的未来，以辽宁省为模板的文化品牌打造方式将有机会成为非常独特的趋势，符合省联社与地方联社的结构关系，也坚持了地方联社相对的独立性，同时照顾了全省的共性与地方的个性，促成全省企业文化的有机统一。当一省一市都具备同系列又各具特色的文化品牌，其对未来金融市场潜在的影响力、辐射力和感染力势必是惊人的，并由此产生巨大的竞争力。

（三）品牌制胜—影响力

品牌制胜是品牌金字塔模型之影响力的关键核心，以品牌制胜为切口，主打一点突破，是地方银行化解品牌僵化的手筋所在。在品牌制胜一点突破的案例中，我们选取了平安银行平安金、湖北银行、安吉农商银行、天津农商银行和昆山农商银行作为案例分享，分别聚焦于品牌塑造、品牌传播、品牌营销等方面。

平安银行平安金的案例，主要集中在结构化的品牌营销层面，根据平安金的品牌定位，我们挖掘出其品牌 DNA 为“相伴”，也由此奠定了它的品牌基调。在此基础上锁定和洞察了平安金的目标消费群体，并对黄金市场、市场同业进行调研和研判，确定了平安金整体的品牌宣传策略。品牌 IP 化始终是品牌突破的重要抓手，为平安金定制的“小平安”IP 卡通形象，极大满足了平安金对外发声、营销宣传代言人的窗口需求。根据当时临近春节的营销节点，艾加为平安金品牌策划了“9 秒合你在一起”的大型营销活动，拉开了事件营销策划的帷幕。运用了当时非常火热的微信短视频传播，策划了应景应时的趣味游戏，为平安金系列产品营造了氛围自然而热烈的营销场景。回家与相伴的结合、春节与礼品的相遇，让活动的势能瞬间点燃。与此同时，借势推动网络红人 KOL 社会公益等营销策略，结合 PGC 与 UGC 的组合搭配实施立体化地造势宣传，让“平安金”营销活动迎来声量的巅峰。营销活动不仅取得惊人的宣传效果，也荣获了当年众多广告营销奖项，圆满达成了品牌营销的目的。

对于安吉农商银行，艾加将品牌突破点对准了绿色金融，围绕绿色金融展开了全面的品牌升级，与同业差异化十分显著。源于安吉竹乡的地域风貌，绿色金融与其文化可谓不谋而合，加上绿色金融是未来经济发展的主流方向，安吉农商银行主打绿色概念，令人耳目一新。由此，我们为安吉农商银行提出了“安芯金融”的核心定位，安宁富庶、心有绿意，体现了绿色和普惠在安吉文化中的重中之重。在浙江省联社既有的形象体系之下，我们也根据“安芯金融”做了个性化的标识设计，着重将绿色的点缀之笔融入其中。除了文化与形象，安吉农商银行更是在关键的产品设计端强化了绿色金融的体系，接连开发了数款明星绿色产品，极富安吉地域特色，恰好满足当地“三农”刚需的金融诉求。安吉独创的绿色信贷风控体系，以及首创的“两山绿币”管理系统，让绿色经济在安吉成为一大金融特色与风景线，获得同业的广泛认可。

对于湖北银行、天津农商银行和昆山农商银行，艾加则重点为其进行了全面的品牌形象设计，为其定制了全新的 VI/SI 系统设计。湖北银行彰显了霸气与格局，以“未来之窗、紫气东来”为设计理念，体现了湖北银行改制革新的精神面貌，符合其零售银行的精品定位；而天津农商银行，则全面体现了历史与文化的传承，以“凤凰”为精神图腾的设计理念，让天津农商银行的形象充满厚重和底蕴，同样满足了其改制翻牌所亟待的形象升级需求；至于昆山农商银行，则根据全新提炼的同心金融，巧妙融入双重“U”（你）的概念，充满现代时尚感，同时进一步拉近了银行与用户之间的距离，助力昆山农商银行成为“长三角代表”的夙愿。持续扩大的品牌影响力，是坚持品牌制胜战略，从而为银行带来的长远效益，一以贯之，坚持不懈。

二、打造头部品牌，不止步

凭借三力模型的方法论，艾加品牌金字塔已经为超过 500 家银行提供了人、事、物一体化的解决方案，助力各大地方银行的转型升级，帮助它们完成了确立头部定位、打造头部品牌的成就，经营十余年，我们也取得了阶段性的成绩与成功。

艾加很清楚，本次深度解密和分享我们助力中国地方银行头部品牌塑造之道，是一段弥足珍贵的产品内省和发展自省。因为事物的进步总是呈螺旋形上升，往日的辉煌只属于过去，明天的梦想才属于未来。目前的品牌金字塔并非完美，我们依旧在日常的工作与项目中不断反思与精进，为品牌金字塔的完善寻求量变走向质变，在长年的用心与积累中厚积薄发。我们为自己的工作感到自豪，也为中国金融的日益成长甚为感动。

如今，我们正处于一个伟大时代，莫如让平凡的我们，为了中国金融的明天，也为了中国梦的将来，付出我们宛如樱花般绚烂的青春。

千里之行，始于足下，打造头部品牌，不止步。

艾加自 2008 年在银行业导入“品牌金字塔”工程起，已经为 500 多家法人银行提供“文化建设、品牌营销、空间体验、平台技术、人才培养”等全链条、一体化服务。其中，国有商业银行和股份制商业银行占比 20%，地方银行占比 80%；并与其中近 50 家银行形成长期战略合作，全面提升了核心竞争力、企业生产力，共同成就了当地头部品牌。

本书涉及的所有经典案例，是艾加与各银行机构单位在不同时期、不同阶段共同努力的成果。

在此特别鸣谢以下客户对于艾加的长期信任和鼎力支持！

国有大型商业银行: 中国银行、中国建设银行、中国农业银行、中国邮政储蓄银行。

股份制商业银行: 招商银行、兴业银行、民生银行、平安银行。

城市商业银行: 苏州银行、湖北银行、青海银行、江西银行（原南昌银行）、中原银行（原驻马店银行）、新疆银行、朝阳银行、浙江民泰银行、浙江东海银行。

农商银行 / 农合行 / 农信社：

【江苏省】江苏张家港农商银行、江苏江阴农商银行、江苏常熟农商银行、江苏江南银行、江苏苏州农商银行、江苏昆山农商银行、江苏南通农商银行、江苏靖江农商银行、江苏姜堰农商银行、江苏泰州农商银行、江苏海门农商银行、江苏扬州农商银行、江苏高邮农商银行、江苏海安农商银行、江苏邳州农商银行、江苏淮安农商银行、江苏盐城农商银行、江苏滨海农商银行、江苏仪征农商银行、江苏丹阳农商银行、江苏扬中农商银行、江苏泰兴农商银行、江苏如东农商银行、江苏民丰农商银行、江苏兴化农商银行、江苏连云港东方农商银行、江苏东台农商银行、江苏如皋农商银行、江苏江都农商银行、江苏镇江农商银行、江苏建湖农商银行、江苏新沂农商银行、江苏大丰农商银行、江苏宝应农商银行、江苏沛县农商银行、江苏阜宁农商银行、江苏句容农商银行、江苏高淳农商银行、江苏紫金农商银行、江苏泗洪农商银行、江苏太仓农商银行、江苏徐州农商银行。

【浙江省】浙江省农村信用社联合社、浙江鄞州银行、浙江安吉农商银行、浙江吴兴农商银行、浙江德清农商银行、浙江龙湾农商银行、浙江临海农商银行、浙江磐安农商银行、浙江新昌农商银行、浙江金华成泰农商银行、浙江甬城农商银行、浙江莲都农商银行、浙江鹿城农商银行、浙江泰顺农商银行、浙江余杭农商银行、浙江开化农商银行。

【安徽省】安徽桐城农商银行、安徽芜湖扬子农商银行、安徽休宁农商银行、安徽黟县农商银行、安徽绩溪农商银行、安徽岳西农商银行、安徽徽州农商银行、安徽望江农商银行、安徽颍淮农商银行。

【天津市】天津农商银行。

【河南省】河南驻马店农商银行、河南伊川农商银行、河南新郑农商银行、河南新蔡农商银行、河南荥阳农商银行、河南兰考农商银行、河南正阳农商银行、河南登封农商银行、河南长葛轩辕村镇银行。

【河北省】河北省农村信用社联合社、河北张家口农商银行、河北邯郸农商银行、河北怀来农商银行、河北沧州农商银行、河北献县农商银行、河北沽源农商银行、河北高碑店农商银行、河北河间农信联社。

【山东省】山东枣庄农商银行、山东菏泽农商银行、山东莱州农商银行、山东定陶农商银行、山东平邑农商银行。

【山西省】山西襄垣农商银行、山西泽州农商银行、山西长子农商银行、山西屯留农商银行、山西文水农商银行、山西运城农商银行。

【湖南省】湖南衡州农商银行、湖南中方农商银行、湖南双峰农商银行、湖南益阳农商银行、湖南沅江农商银行、湖南醴陵农商银行、湖南株洲农商银行。

【湖北省】湖北崇阳农商银行。

【广东省】广东东莞农商银行、广东肇庆端州农商银行。

【陕西省】陕西咸阳信合、陕西延安农商银行、陕西神木农商银行、陕西彬县农商银行、陕西韩城农商银行、陕西秦都农商银行、陕西平利农商银行、陕西志丹农信联社、陕西铜川耀州区农信联社。

【福建省】福建福州农商银行、福建厦门农商银行。

【吉林省】吉林省农村信用社联合社。

【辽宁省】辽宁省农村信用社联合社、辽宁沈阳农商银行、辽宁辽阳农商银行、辽宁辽东农商银行、辽宁海城农商银行、辽宁双塔农信联社、辽宁辽中农信联社。

【青海省】青海省农村信用社联合社、青海西宁农商银行、青海互助农商银行。

【黑龙江省】黑龙江哈尔滨农商银行、黑龙江伊春农商银行、黑龙江齐齐哈尔农商银行、黑龙江黑河农商银行。

【广西壮族自治区】广西岑溪农商银行、广西苍梧农商银行、广西宁明农商银行、广西田阳农商银行、广西蒙山农商银行、广西忻城农商银行、广西田东农商银行、广西浦北农商银行、广西资源农商银行、广西崇左农商银行、广西宜州农合行、广西全州农合行、广西兴安农合行、广西梧州市区农信联社、广西钦州市区农信联社、广西河池市区农信联社、广西武鸣农信联社、广西武宣农信联社、广西平南农信联社、广西博白农信联社、广西藤县农信联社、广西罗城农信联社、广西三江农信联社。

【内蒙古自治区】内蒙古金谷农商银行、内蒙古托克托农商银行、内蒙古太仆寺农商银行、内蒙古乌拉特农商银行、内蒙古和林格尔县农信联社、内蒙古乌拉特后旗农信联社、内蒙古包头南郊农信联社。

【新疆维吾尔自治区】新疆阜康农商银行、新疆伊宁农商银行、新疆玛纳斯农商银行、新疆霍城农商银行、新疆福海农信联社。